VENEDIG
GLANZ
UND
GLORIE

VENEDIG GLANZ UND GLORIE

TEXT VON DANIEL HUGUENIN
PHOTOGRAPHIEN VON ERICH LESSING

TERRAIL

Titelseite, Einband

VITTORE CARPACCIO
Der Doge Leonardo Loredan

Vorherige Seite

VITTORE CARPACCIO
Die Legende der Hl. Ursula.
Der Abschied der Gesandten
(Ausschnitt)

Rechte Seite

Der Spion
Barock, Holzschnitzerei,
Venedig, Scuola San Rocco.

Übersetzung aus dem Französischen:
CHRISTINE BRENNER, MATTHIAS STEFFEN LAIER
für FD Übersetzungsbüro, Swisttal/Bonn

Verlegerische Leitung: Jean-Claude Dubost und Jean-François Gonthier
Buchgestaltung und Layout: Sibylle de Fischer
Satz und Textfilme: Einsatz, Paderborn
Farblithos: Litho Service T. Zamboni, Verona

Weltrechte: FINEST S.A./EDITIONS PIERRE TERRAIL, PARIS 1993
Ein Unternehmen der Buchabteilung von Bayard Presse S.A.
Deutsche Ausgabe: 1994
ISBN: 2-87939-095-8
Printed in Italy

Alle Rechte der Reproduktion, Bearbeitung, Übersetzung
oder anderweitiger Verwendung der Texte und Illustrationen,
auch auszugsweise, weltweit vorbehalten.

INHALT

Einleitung 9

Das triumphierende Venedig: Tizian, Aretino und Sansovino 11

Die wahre Malerei für die Ewigkeit: die Mosaiken 37

Seefahrer und Händler: Konstantinopel, Marco Polo, das Arsenal 57

Der Herbst des Mittelalters: Bellini und Carpaccio 79

Giorgione: die Liebe, die Poesie 99

Ein Kind Venedigs: Tintoretto 115

Von Palladio zur Kirche della Salute 137

Veroneses Hochzeit von Kana 159

Venedig wie in seinem Spiegelbild … Canaletto, Guardi, Canova und einige andere 179

Venedig nach Venedig 203

Für weiteres Lesevergnügen 204

VITTORE CARPACCIO
Die Legende der Hl. Ursula.
Die Ankunft der Gesandten
(Ausschnitt)

EINLEITUNG

Mosaiken der Basilika San Marco
Die Sintflut
(Ausschnitt: Der Regen)

Ein einziges *Jahrhundert* – das von Tizian – hätte ausgereicht, um den Ruhm Venedigs zu begründen. Doch Venedig ist einzigartig! Ein Jahrhundert ist zu kurz um zu zeigen, was es vermag. Es umfaßt in der Geschichte also ein Jahrtausend an Schaffensfreude und Neuerung.

Die aus Schlamm und Schilf entstandene Stadt, die sich ab dem Jahr 1000 als Hochburg der Zivilisation behauptet, entdeckt, daß die Instabilität des Untergrundes als Vorwand für die verrücktesten Kühnheiten und die eindrucksvollsten Ergebnisse dienen kann.

Von Torcello und seinen Mosaiken bis zu Canaletto und seinen *Vedute*, von San Marco zu den Kirchen Palladios, vom Rialto und seinen Palästen bis zu den *Scuole* zeigt Venedig, daß die Größe der Proportionen auf seinem knappen Raum durch den Glanz der Pracht ersetzt werden kann.

Von Bellini und Carpaccio bis Veronese, von Giorgione bis Tizian und Tintoretto, von Palladio bis Guardi und Canova wird inmitten des Glanzes der Serenissima ein Weg durch die Schönheit angeboten. „Die triumphierendste Stadt, die ich jemals gesehen habe" schreibt Philippe de Commynes 1494 an seinen König. Die Zukunft wird Venedig diesen Ruhmesanspruch nie mehr nehmen.

DAS TRIUMPHIE-RENDE VENEDIG

TIZIAN, ARETINO UND SANSOVINO

Was die Geschichte als Grundlage für den Ruhm Venedigs sieht, ist jener Übergangsmoment, durch den die Stadt Mitte des 16. Jh. ganz nach oben kommt. Während sich auf dem Kontinent Kaiser- und Königreiche streiten und befehden, während sich die sich bis dahin um den Mittelmeerraum drehende Welt eine neue Dimension erschließt, legt Venedig den Grundstein für seinen Triumph.

Einen großen Teil dieses Bildes, das die Stadt uns hinterlassen hat, verdankt sie dem Triumph dessen, der besser als andere ihre Inszenierung zu gestalten wußte: Tizian. Ihm allein, der bereits zu seinen Lebzeiten eine Legende ist. Eine jener Legenden, die Venedig gerne zur Darstellung seiner Identität, Untermauerung seiner Solidarität und Begründung seines Ansehens schafft. Auch wenn Tizian erheblich zur Entstehung des ruhmreichen Bildes vom Triumph Venedigs beigetragen hat, so werden wir doch sehen, daß er nur einer der Akteure eines Erfolgs war, der ihm vorausgeht, ihn begleitet und ihn überlebt.

Möglicherweise beginnt alles 1510. Die Schwarze Pest, an der Giorgione im Alter von 33 Jahren stirbt, bedroht ganz Venedig. Die Stadt entgeht der Angst nur durch ihre unglaubliche Fähigkeit, die Flucht nach vorne zu ergreifen. So übrigens zeichnet sie in jeder Lage die Linien ihres eigenen Sieges. Ein Sieg über alles, was sich bereits schon vor ihrer

TIZIAN
Himmelfahrt Mariä
1518, Öl auf Leinwand,
668 x 344 cm,
Venedig, Frari-Kirche.

TIZIAN
Der Hl. Petrus mit Papst Alexander VI. und Jacopo Pesaro
Öl auf Leinwand, 145 x 184 cm, Antwerpen, Musée royal des Beaux-Arts.

Bevor Jacopo Pesaro (1460–1547) Bischof wurde, hatte er sich als Kapitän der Galeeren gegen die Türken ausgezeichnet.

Entstehung an den Ufern des Rialto verbündet, um ihre Existenz zu verhindern. Sie trotzt den Barbaren, die sie begehren, den europäischen Herren, die sie beneiden, den Türken, die auf sie eifersüchtig sind, der Pest, die keinen Grund hat, sie weniger als andere Bevölkerungen zu hassen …

Nach dem Tod von Giorgione tritt Tizian in die Fußstapfen des um zehn Jahre älteren Meisters, bei dem er ebenso wie in der Werkstatt von Giovanni Bellini neben seinem persönlichen Talent den Gewinn entdeckt, den er daraus ziehen kann. Nach Giorgione arbeitet Tizian für reiche Privatsammler. Für sie malt er weltliche Werke. Für andere große religiöse Szenen für die Kirchen und für die *Scuole*, diese zur majestätischen Kunst übergetretenen Bruderschaften, in der sie das verfeinerte Bild ihres Reichtums sehen.

Ein Schützling Tizians ist der junge Veronese, der sich von den Werken des Malers der Fürsten inspirieren läßt. Er reagiert auf seine Weise auf die außerordentlich schnelle Ausführung von Tintoretto, indem er sich selbst für einen flüchtigeren, freieren und kühneren Stil entscheidet. Zwischen 1510 (Tod Giorgiones) und 1525 wirkt alles zusammen, um Tizian den einzigen Rang zu verleihen, zu dem er sich berufen fühlte: den ersten Rang. Dieses Kind aus Cadore in den Dolomiten, der Sohn einer reichen, angesehenen Familie aus der Provinz, hatte jene Gesundheit, die den Ehrgeiz fördert und die Sicherheit festigt.

Ist es jedoch wirklich sicher, daß Tizian zu dem Künstler gemacht worden wäre, der sein Jahrhundert beherrschte, wie später Picasso im 20. Jh., wenn nicht ein Ereignis außerhalb Venedigs ihm dabei geholfen hätte? Verdankt er seinem langen Leben seinen Titel als König unter den Malern? (Lange wurde gesagt, daß Tizian im Alter von etwa 100 Jahren starb, obwohl er eigentlich bei der Arbeit am 27. August 1576 im Alter von wahrscheinlich 88 Jahren getorben ist.)

Tizian regiert als Meister; er wurde zu seinen Lebzeiten zum Mythos, gleichgestellt mit Kaiser Karl V. – von dem man sagt, daß er selbst, während Tizian sein Porträt ausführte, dem Künstler den heruntergefallenen Pinsel aufhob und das mißbilligende Gemurmel seiner Höflinge eiskalt zum Schweigen brachte: „Tizian ist würdig genug, von Cäsar bedient zu werden".

Das Ereignis außerhalb von Venedig, auf das hier angespielt wird, ist die Plünderung von Rom, die 1527 aus Venedig plötzlich die unfreiwillige, jedoch willige Erbin der ewigen Stadt macht. Während sich

IN VENETIA CHE FU FATTO
GENERALE DI S.TA CHIESA

die zeitgenössische Kunst zu Beginn dieses Jahrhunderts in Florenz und in Rom entwickelt und entfaltet (Raffael im Vatikan, Michelangelo in der Sixtinischen Kapelle), erleidet die Stadt, die die Kunst so fördert, einen schweren Schlag. Zu dieser Zeit ist Tizian, der offizielle Darsteller der Ruhmeszeiten der Serenissima und Nachfolger von Bellini in diesem Amt, nur eine „regionale" Berühmtheit. Noch einmal ist ihm das Schicksal hold.

DIE PLÜNDERUNG ROMS

ANTONIO RIZZO (1435–1498)
Sala dello Scrutinio
Dogenpalast

Die Deckenmalereien stammen von Veronese, Tintoretto und Palma il Giovane.

Am 6. Mai 1527 rücken die kaiserlichen Truppen Karls V. im dichten Nebel des anbrechenden Tages durch die Weinberge an den Hängen des Vatikans an. Für den Kaiser und das Bündnis aus Deutschen, Spaniern, Elsässern, Mailändern und Burgundern geht es darum, Papst Clemens VII. dafür zu bestrafen, daß er ein Jahr zuvor der Liga von Cognac beigetreten ist, die italienische Städte, aber auch Frankreich und England gegen das Kaiserreich vereint. Nach der Stürmung des Vatikans konnte der Papst nur überleben, indem er durch den Geheimgang zur Engelsburg flüchtete. Am Abend ist Rom in der Hand der Eroberer. Acht Tage lang finden nur Massaker, Plünderungen und Zechgelage statt. Diejenigen, die es noch können, ergreifen die Flucht. Darunter Jacopo Tatti, genannt Sansovino, der in Venedig mit Pietro Bacci, genannt Aretino, zusammentrifft, der sich bereits ab März dorthin zurückgezogen hatte. Zu einem großen Teil ist es ihnen zu verdanken, daß Venedig, die jüngste Stadt im intellektuellen Leben und in der Kunst Italiens, an die Stelle Roms tritt.

Nach der Plünderung Roms wird Venedig nicht nur zu einer Zuflucht, auch sein Regierungssystem selbst wird lockerer: Seine Haltung gegenüber der Gegenreformation bringt ihm die Sympathien des gesamten untergehenden Europas ein. Die Signoria wagt es, an Karl V. zu schreiben: „Unser Staat und unsere Gebiete sind Lutheranern und Ketzern geöffnet und frei, und wir können sie nicht verbannen". Zu der Zeit, in der die Verfolgungen der Juden in Spanien wüten, sagt Sansovino, daß sie in Venedig „einen einzigartigen Frieden wie in einem wahren gelobten Land genießen".

Zu den zahlreichen „Verbannten" gehört auch Michelangelo. Da er, übrigens zu Recht, überzeugt war, daß der Kommandant der mit dem Papst verbündeten Florentiner Streitkräfte ein Verräter sei, hatte sich Michelangelo, Bauleiter der Befestigungsanlagen, auch nach Venedig geflüchtet. Der Rat der Zehn verpflichtet ihn zum Bleiben, bietet ihm als Überredung ein Jahresgehalt von 600 Dukaten an und schlägt ihm vor, ihm alle Werke, die er schaffen sollte, zu dem Preis zu bezahlen, den der Künstler festlegt. Michelangelo zögert, als er jedoch erfährt, daß die Regierung von Florenz beschlossen hat, die Flüchtlinge als Aufständische zu behandeln, wenn sie nicht vor dem 7. Oktober zurückkehren, und daß sein Name an achter Stelle auf der Liste der Flüchtigen erscheint, siegt sein Patriotismus! Er weiß eigentlich, daß seine Eingliederung in Venedig durch den Wider-

FRANCISCO
MAVROCENO
PELOPONNESIACO
SENATVS
ANNO MDCVIC

stand seines Erzfeindes, Sansovino, seit mehreren Jahren der Freund von Aretino und Tizian, nicht leicht sein wird. In Venedig an zweiter oder dritter Stelle kommen, während er in Florenz und in Rom wieder den ersten Rang haben könnte? Keine Frage. Er kehrt also nach Florenz zurück und ist sich der offiziellen Vergebung der Regierung sicher. Weder Tizian noch Aretino und natürlich auch nicht Sansovino versuchen, ihn zurückzuhalten.

ARETINO REHABILITIEREN?

Aretino, der 1492 als Sohn eines Flickschusters in Arezzo geboren wurde, liebte Stichelei, Ironie und Gespött und machte auch vor der Obszönität nicht halt, ein Verhalten, das die meisten seiner fürstlichen Freunde begeisterte. Aber er hatte auch Qualitäten, die ihnen allzu oft fehlten: Sensibilität, Treue, Sinn für Freundschaft und Großzügigkeit.

Sein von Tizian gemaltes Porträt zeigt ihn imposant, mit prächtigen Kleidern aus Samt und Seide und mit einer kostbaren Goldkette um den Hals. Er bezeichnete sich selbst als „Peitsche der Fürsten" und ließ auf einer seiner Medaillen das Motto prägen *„veritas odium parit"* (Wahrheit gebiert Haß).

Bereits im Alter von 20 Jahren machte er sich in Rom als Schriftsteller, Chronist und Pamphletist einen Namen. Seine „Pasquinate", satirische Schriften gegen die Zeitgenossen, sind fliegende Blätter, die auf der Straße verkauft wurden. Nachdem er beinahe zwei oder drei Mal von denen, die er verspottete, ermordet worden wäre, nachdem er sich mit dem Kondottiere Giovanni de'Medici (genannt dalle Bande Nere) zusammengeschlossen hat, vervollkommnet er seine Kunst in Venedig und setzt seinen Witz in Form von Briefen an alle Großen seiner Zeit ein.

1530 schreibt er dem Dogen Andrea Gritti und dankt ihm, ihn in seinen Schutz genommen zu haben. Das Druckhandwerk in seinem ersten Aufschwung ermöglicht ihm, seine Kritiken weit zu verbreiten und als Gegenleistung für Lob ansehnliche Abgaben zu verlangen. Als gehörter und gefürchteter Kommentator der Ereignisse weiß er je nach Anlaß zu sprechen oder zu schweigen. Ihm ist wohl bewußt, daß er so völlig ungestraft die öffentliche Meinung manipulieren kann, da ihn die Serenissima vor Repressalien schützt, weil er sich seit seiner Ankunft in Venedig dazu verpflichtet hat, nicht über den Rat der Zehn, die Stadtregierung, zu sprechen.

Immer im Besitz der letzten Neuigkeiten und leidenschaftlich an der künstlerischen Aktualität interessiert, führt er in seinem Palast am Canale Grande mit seinen Freunden Tizian und Sansovino ein ungebundenes und üppiges Leben inmitten unaufhörlicher Polemiken, die er hervorruft und nährt. Sein Meisterwerk als Chronist, aber ebenfalls als Diplomat bestand möglicherweise darin, jene beiden Monarchen von seiner unersetzlichen Nützlichkeit zu überzeugen, die sich unablässig befehdeten: Karl V. und François I. Der Kaiser und der König glaubten beide, daß

Oben

TIZIAN
Bildnis von François I., König von Frankreich
Öl auf Leinwand, 109 x 89 cm,
Paris, Musée du Louvre.

Linke Seite

TIZIAN
Verkündigung
Öl auf Leinwand, 403 x 235 cm,
Venedig, Kirche S. Salvatore.

Folgende Seiten

SEBASTIANO DEL PIOMBO
(1485–1547)
Das Urteil Salomons
Öl auf Leinwand (unvollendet),
208 x 315 cm,
Winborne (GB), The National Trust,
Kingston Lacy.

TIZIAN
Venus mit dem Orgelspieler
Um 1548, Öl auf Leinwand,
148 x 217 cm,
Madrid, Museo del Prado.

Aretino allein die öffentliche Meinung in Europa machte. Ob man ihm bewundert oder ob man sich empört – man kann sich nur über die Macht dieses meisterhaften Schreibers wundern.

Dieser prachtvoll lebende Mann war von einer Großzügigkeit, die nur dort ihre Grenze fand, wo sie ihm durch die finanzielle Unterstützung der bedeutenden Empfänger seiner Briefe vorgegeben wurde … Sein Palast war wie derjenige eines Patriziers mit Kunstgegenständen angefüllt: Gemälden, Skulpturen, prächtigen Möbeln, Stoffen und kostbaren Teppichen. Sein Haus war immer voll. Jeder angesehene Fremde legte bei seiner Durchreise durch Venedig Wert darauf, mit ihm zusammenzutreffen. Er hatte allerdings von seiner bescheidenen Herkunft eine ehrliche Zuneigung für die „Ausgeschlossenen" bewahrt. Alle, denen in irgendeiner Weise Unrecht geschehen war, wandten sich an ihn: Studenten, Mönche, Priester. Ein offenes und gastfreundliches Haus. Unverheiratete Mütter, gerade entlassene Gefangene, Soldaten ohne Ausrüstung und fahrende Ritter – zahlreich sind die, die sich bei ihm „erholen" kommen. Alle werden beherbergt, getröstet und mit Geld versorgt. Sechs schöne Mädchen führen sein Haus, die ganz Venedig natürlich schnell die Aretinen nennt …

Der Aretino im Privatleben, das heißt Aretino der Genießer, läßt an gutes Essen denken: Er dankt Graf Manfreddo di Collalto dafür, ihm Hasen und Drosseln geschickt zu haben: „sie waren so gut, daß unser Tizian, als er sie auf dem Spieß sah und ihr Duft ihm in die Nase stieg, und nachdem er einen Blick auf die Schneeflocken geworfen hatte, die ungestört fielen, als der Tisch gedeckt wurde, eine Gruppe von Ehrenmännern schamlos im Stich ließ, die ihn zum Abendessen eingeladen hatten. Alle lobten einstimmig in höchsten Tönen diese langschnäbeligen Vögel, die wir gekocht und mit etwas Trockenfleisch, zwei Lorbeerblättern und reichlich Pfeffer aus Liebe zu Ihnen, aber auch zu unserem Vergnügen gegessen haben".

Vor allem anderen jedoch verdient sein Talent Bewunderung, die Werbung und die Förderung für seine beiden nächsten und teuersten Freunde, Tizian und Sansovino, zu organisieren. Die Freundschaft dieser drei Männer war ohne Fehl. „Tizian und ich sind dank der Macht der Freundschaft durch ehrenwerte Verbindung und ständigen Willen zu einem einzigen Wesen geworden". Durch Aretino trifft Tizian Karl V., François I., den Herzog von Mantua und den Herzog von Urbino.

Dieses Einverständnis ist nicht möglich, ohne daß der Schreiber einen Einfluß auf den Maler ausübt. Aretino lehrt Tizian den freieren Ausdruck der Gefühle. Er treibt ihn dazu, bis zum Äußersten seiner Vorstellungen zu gehen, in der Malerei laut die Emotionen des Fleisches und die Sinnlichkeit des Vergnügens auszudrücken. Denken wir an den Weg, der zwischen *Flora* (um 1515), in jungfräulicher Jugend strahlend, und der lasziven Frau liegt, die sich glücklich dem begierigen Blick des Organisten darbietet (*Venus mit dem Orgelspieler*, um 1548).

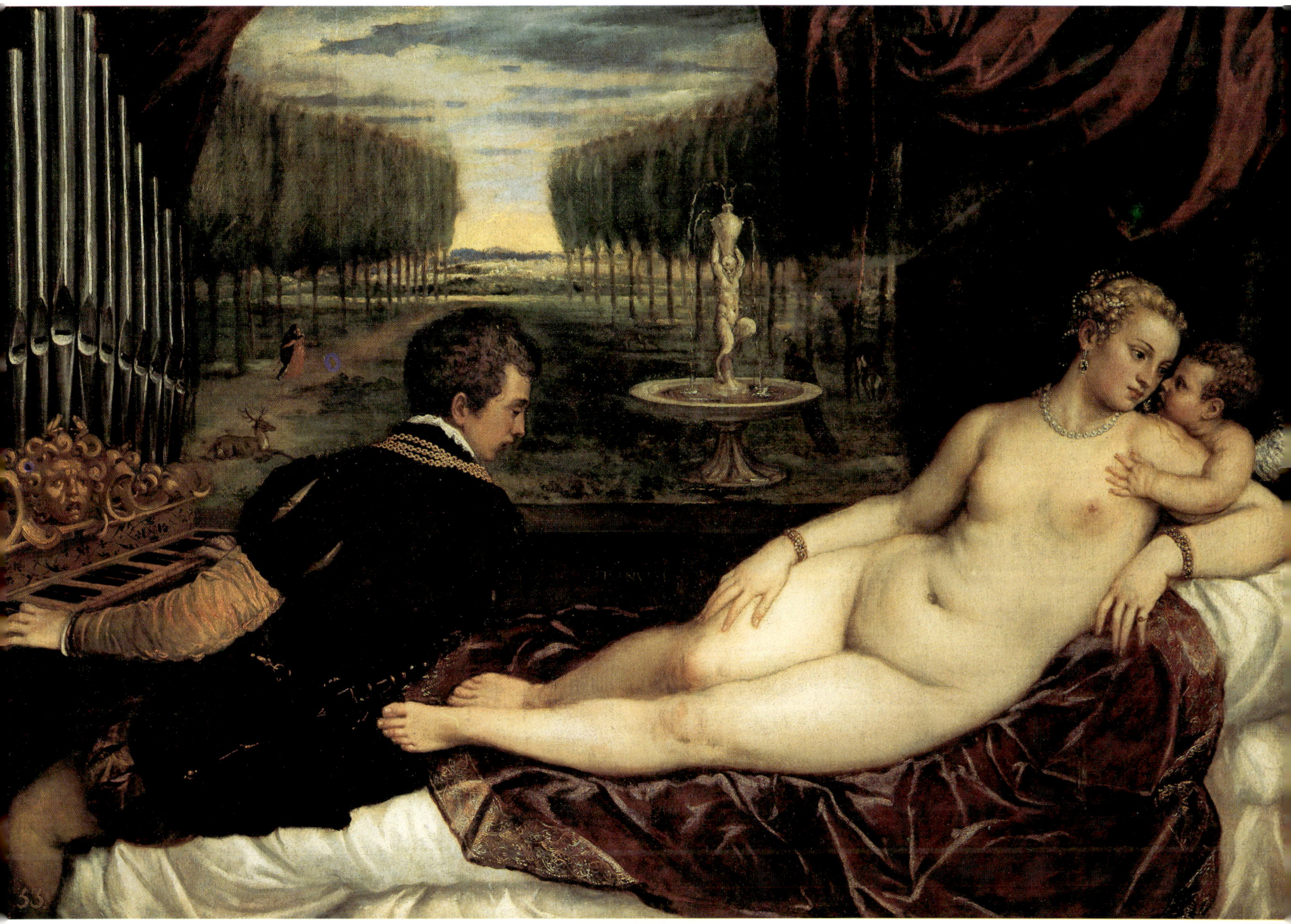

DIE FEDER EINES MALERS

Dagegen ist Tizian für Aretino der Traum, der durch den Pinsel auf der Leinwand zum Leben erweckt wird. Was die Feder des Schreibers nicht zu erfassen vermag, bietet er seinem Freund. „Ich begann, das wunderbare Schauspiel der unzähligen Barken zu betrachten, die sowohl mit Fremden als auch mit Venezianern beladen nicht nur diejenigen erfreuten, die zusahen, sondern auch den Canale Grande selbst und jeden, der ihn durchfährt. Sobald die Zerstreuung durch zwei Gondeln beendet war, die unter der Führung von zwei berühmten Gondolieri eine Wettfahrt begonnen hatten, hatte ich großen Spaß daran, die Leute zu beobachten, die sich auf der Rialto-Brücke, auf dem Camerlengo-Kai, an der Pescaria, am Traghetto von Santa-Sophia und in der Casa da Mosto versammelt hatten, um das Schauspiel zu sehen. Und dann, wenn sich die Menge nach fröhlichem Applaus in kleinen Gruppen, jede in einer anderen Richtung, zerstreut hatte, richtete ich, wie ein Mensch, der sich über sich selbst ärgert und nicht weiß, was er mit seinem Geist und seinen Gedanken tun soll, meinen Blick zum Himmel, der seit seiner Erschaffung durch Gott dank der herrlichen Malereien durch Schatten und Licht nie so schön gewesen war. Die Luft war so, wie sie diejenigen malen wollen, die Sie beneiden, weil sie nicht Sie sein können; bewundern Sie sie in meiner Beschreibung: Zunächst erscheinen die Gebäude künstlich, obwohl sie doch aus echten Steinen errichtet wurden; betrachten Sie nun die Luft, die ich an einigen Stellen rein und frisch und an anderen trüb und fahl erlebte. Bemerken Sie auch die Wunder, die sich mir durch die Wolken eröffneten, die schwer von der Kondensierung

Oben

Marcantonio Raimondi
Aretino und die Sirene

Linke Seite

Bildnis von Aretino

Rechts

Antonio Rizzo
Scala dei Gianti im Dogenpalast
Um 1484

Sie verdankt ihren Namen den beiden gewaltigen Statuen von Neptun und Mars, die von Sansovino geschaffen wurden.

Frari-Kirche, Venedig

der Feuchtigkeit waren und dicht über den Dächern der Gebäude lagen, zur Hälfte im Vordergrund, zur Hälfte im Hintergrund, denn die Gerade war erfüllt von einem grauschwarzen Dampf. Ich war erstaunt über die verschiedenen Farben, die diese Wolken erscheinen ließen. Die nächsten leuchteten wie die Flammen des Sonnenfeuers, und die am weitesten entfernten waren rötlich wie Mennige, jedoch weniger kräftig. Mit welch schönen Strichen malten die Pinsel der Natur die Luft dort oben, indem sie sie von den Palästen lösten, wie es Vecellio mit den Ländern, die er darstellt, tut! Auf einigen Seiten erschien ein Grünblau, auf den anderen ein Blaugrün, die von den Launen der Natur, der Meisterin der Meister, erfunden wurden. Mit Hell und Dunkel geben sie so gut Perspektive oder Relief wieder, daß ich, der ich weiß, in welchem Maße Ihr Pinsel das Genie der Genies ist, drei oder vier Mal ausrufe: „Oh Tizian, wo sind Sie?" Mein Gott, wenn Sie gemalt hätten, was ich Ihnen erzähle, würden Sie die Menschen ebenso verblüffen, wie ich verblüfft war, als ich bei der Betrachtung dessen, was ich Ihnen gerade beschrieben habe, meinen Geist dies länger auskosten ließ als das herrliche Schauspiel dauerte" (Mai 1544).

Aretino, der „Condottiere der Feder" oder auch der „Sekretär des Universums" gelang ein genialer Streich, indem er 1547 seine Briefe drucken, herausgeben und verteilen ließ. Wahrscheinlich erhoffte er sich so, die Gunst eines größeren Publikums zu erlangen und der Strenge der Kirchenväter zu entgehen. Vergeblich, denn 1558 wurden alle seine Schriften verboten. Die von Sansovino beschriebene Toleranz der Herrscher von Venedig fand sich nicht in der Kirche, die in den Worten von Aretino unerträgliche Spuren des Protestantismus finden mußte. Auch (und vor allem) seine Auslegung der Schriften (*I Quattro Libri de l'Humanità di Christo*) reichte nicht aus, ihn vor Sanktionen zu schützen. Glücklicherweise war er vorsichtig genug, zwei Jahre vor diesem Ausschluß zu sterben.

DER ARCHITEKT SANSOVINO

Als er 1527 nach Venedig flüchtet, ist Sansovino gerade 40 Jahre alt. Er beabsichtigt, nur einige Wochen zu bleiben. Dennoch bleibt er dort bis zu seinem Tod 43 Jahre später … Auf die dringende Empfehlung seiner Freunde Tizian und Aretino hin beauftragt ihn der Rat der Zehn mit der Leitung der städtischen Bauarbeiten. Er also kann diesem einzigartigen Schmuckkästchen, das der Markusplatz ist, sein endgültiges Aussehen verleihen.

Gegenüber den Procuratie Vecchie errichtet Sansovino ab 1532 den Palazzo Corner. Die machtvolle Konstruktion und ihr einfacher Rhythmus beruhen auf der Ausrichtung der Fundamente und auf der paarweisen Gruppierung der Säulen. Vier Jahre später vollendet er das architektonische Gedicht der Bibliothek, in der die griechischen Manuskripte aufbewahrt werden sollen, die Petrarch und Kardinal Bessarion Venedig vermacht

TIZIAN
Kaiser Karl V. bei Mühlberg
1547, Madrid, Museo del Prado.

hatten. Dorische und ionische Ordnung liegen über gotischen Fundamenten. Die Balustrade und die darüber stehenden Statuen geben ihr ihren Stempel und machen aus ihr das schönste Gebäude der Renaissance. Gleichzeitig beginnt Sansovino mit den Arbeiten der Loggetta des Campanile und gibt ihm ein modernes Aussehen als kühner Kontrapunkt zum gotischen Eingang des Dogenpalastes. Die Loggetta leitet somit die große Einheit ein, die die Piazetta mit dem Palast und den byzantinischen Säulen verbindet.

Sein Meisterwerk, die Bibliothek, sollte dem Architekten das größte Mißgeschick bringen, das man sich vorstellen kann. War es die Nachlässigkeit der Bauherren, die Auswirkung des Frostes, der Zusammenbruch der tiefen Fundamente? Man weiß es nicht. Sicher ist, daß das Hauptgewölbe nach seiner Vollendung in sich zusammenstürzt. Dieser Fehler bedeutet für Sansovino das Gefängnis. Tizian ist zu dem Zeitpunkt bei Kaiser Karl V. in Augsburg. In dieser Zeit führt er das Reiterporträt des Kaisers aus, eines der vollendetsten Gemälde seines Gesamtwerks. Der Hochmut des Kaisers findet seinesgleichen nur in der Fähigkeit des Malers, ihn zum Ausdruck zu bringen. Tizian stellt den Herrscher bei der Schlacht von Mühlberg dar. Es ist schwer zu sagen, ob er im Morgenlicht, das die Rüstung Karls V. besprenkelt, der aus einem dunklen Wald kommt, sieges-

sicher in die Schlacht zieht oder ob er als Sieger zurückkehrt. Auf seinem Rappen mit rotem Geschirr dirigiert er eine wahre mörderische Sinfonie, gemalt aus Nacht und Blut.

Von seiner Arbeit völlig in Anspruch genommen erhält Tizian von Aretino den Bericht über die „Affäre Sansovino". „Stellt Euch vor, wie sehr ich geweint habe, als ich klar die katastrophalen Folgen dieser Angelegenheit abschätzen mußte. Anstatt zu schlafen, habe ich die ganze Nacht die tiefe Schmach abgewogen, in die das Schicksal einen so fähigen und so ehrenwerten Mann geworfen hat, und ich gedachte dieser merkwürdigen Grausamkeit des Schicksals, das aus diesem Werk, dem Tabernakel des Ruhms unseres Bruders, das Grab seines Rufes machte. Ich ließ mich nicht der Verzweiflung erliegen, bevor ich weitere Neuigkeiten hatte, denn ich wußte, daß die obersten Väter in ihrer Klugheit bereit sein würden, eher die untadeligen Absichten des Mannes selbst als das falsche professionelle Urteil, das er hätte fällen können, zu berücksichtigen. Denn in unseren Handlungen verrät uns nichts mehr als unser Gefühl." Zur Unterstützung seines Protests startet Aretino eine Pressekampagne gegen die Würdenträger der Stadt und gegen den Dogen, indem er die unvergleichlichen Talente des Architekten und die offensichtliche Schwierigkeit, diesen zu ersetzen, hervorhebt.

Sansovino wird freigelassen, jedoch gezwungen, die Bibliothek auf eigene Kosten neu zu errichten. Für ihn ist das der Ruin. Hier nun zeigt Aretino die Großzügigkeit, deren er fähig ist: Er stellt seinem Freund sein Vermögen zur Verfügung. Andere Bürger der Stadt tun es ihm gleich. Sansovino kann seine Schulden bezahlen. Die unerschütterliche Solidarität des Trios hat wieder einmal ihre Wirksamkeit gezeigt. Das Fest kann weitergehen.

DIE EINSAMKEIT TIZIANS

Nur der Tod kann so festen Freundschaften ein Ende bereiten. Aretino rafft er 1556 als ersten dahin. Er wird nur 64 Jahre alt. Wenn auch dieser Verlust diejenigen erfreut, die seine Feder fürchteten, so ist Tizian erschüttert. Er verliert einen Freund und einen Mäzen. Im selben Sommer hatte ein anderer berühmter Mäzen, Karl V., gerade abgedankt und sich in das Kloster zurückgezogen, in dem er zwei Jahre später sterben sollte. Dann stirbt 1570 Sansovino. Tizian bleibt allein zurück und kann nur noch auf seine verbleibenden Kräfte zählen. Vergessen wir nicht, daß er damals über 80 Jahre alt ist; darüber hinaus hat er eine Reihe finanzieller Schwierigkeiten, Familienstreitigkeiten und berufliche Streitigkeiten.

In dieser Zeit wird der Stil des Künstlers knapper und nüchterner. Die Farben werden dunkler, die Formen weniger lesbar und fantomhafter. Es ist, als ob die Verzweiflung und die Angst zum Ausdruck kämen, ohne daß die Vernunft ihnen Einhalt gebieten kann. Als ob die

Linke Seite

LAZZARO BASTIANI (1449–1512)
Der Doge Francesco Foscari
Öl auf Holz, 52 x 41 cm,
Venedig, Museo Correr.

TIZIAN
Bildnis des Kurfürsten Johann Friedrich von Sachsen (1503–1554)
Um 1550, Öl auf Leinwand,
103,5 x 83 cm,
Wien, Kunsthistorisches Museum.

Tizian
Junge Frau bei der Toilette
1515, Öl auf Leinwand, 93 x 76 cm,
Paris, Musée du Louvre.

Rechte Seite

Tizian
Der Kardinal Pietro Bembo
1545, Öl auf Leinwand,
119 x 100 cm,
Neapel, Galleria Nationale di Capodimonte.

Gefahr, die jederzeit jedes Leben und jede Schöpfung bedroht, das brutal zunichte macht, was der Mensch ihr abgerungen hatte.

Vasari, der Tizian in dieser Zeit in seiner Werkstatt besucht, beschreibt Werke, „die mit deutlichen Pinselstrichen, weiträumig im Tupfenstil aufgetragen, gemalt wurden, so daß man sie nicht aus der Nähe ansehen kann und zurücktreten muß, um sie in ihrer Vollkommenheit zu sehen".

Von dieser letzten Epoche ziehen zwei Gemälde den Blick auf sich: das Porträt, das der alternde Tizian von sich selbst anfertigt, auf dem die souveräne Hand noch Kraft und Anmut spüren läßt (*Selbstbildnis,* Berlin), und *Schindung des Marsyas.* Die Stimmung dieses letzten Gemäldes ist trübe. Der Satyr Marsyas, stolz auf sein Flötenspiel, fordert Apollo, den Gott der Musik, zu einem Wettstreit heraus. Der Sieger soll dem Besiegten eine Strafe seiner Wahl auferlegen. Dieser Wettstreit ist zu ungleich, als daß der Satyr gewinnen könnte. Er wird deshalb von dem gnadenlosen Gott lebendig gehäutet. Dies ist durch das Genie von Tizian die außergewöhnlichste derartige Darstellung in der Geschichte der Malerei.

Wenn Tizian abrupt in das menschliche Drama eingeht, wenn er ein blutrotes Licht über ein Universum verteilt, in dem die Liebe keinen Platz mehr hat, wenn er das Bildnis derjenigen, die sterben werden, aus dem Schatten heraustreten läßt, verleiht er der Vergänglichkeit des Menschen und derjenigen der Welt ein ergreifendes Gesicht.

DER VATER DER MALEREI

Bei Tizian findet Venedig, diese Stadt aus dem Schlamm der Lagune, die tiefe Bedeutung ihrer Ursprünge und den höchsten Sinn ihrer

Tizian
Ländliches Konzert
Öl auf Leinwand,
105 x 136,5 cm,
Paris, Musée du Louvre.

Dieses Gemälde, das nacheinander Giorgione und Tizian wenn nicht sogar beiden zugeschrieben wurde, ist für das Verständnis der ästhetischen Empfindsamkeit Venedigs zu Beginn des 16. Jh. von herausragender Bedeutung.

Oben und rechte Seite

Innenraum der Frari-Kirche in Venedig,
für die Tizian die *Himmelfahrt Mariä* (S. 10) malte.

Vergänglichkeit wieder. Stets war sie ruhmreich und bedroht. Dazu verurteilt, in sich selbst genügend Unvernunft zu finden, um trotz allem zu existieren.

Wenn wir die letzten Gemälde von Tizian betrachten, so müssen wir sein gesamtes Werk in die Geschichte von Venedig einbetten. Sie ist sein natürlicher Rahmen, der Übergang zwischen der fernen Vergangenheit der Ursprünge und der fernen ungewissen Zukunft. Wir sind in Venedig, und wir sind in einem anderen Universum, in dem Venedig seinen Platz hat. Carpaccio zeigt einen feinen Geschmack für die Herren und die Damen, aber auch für die kleinen Leute wie Fährleute, Gaukler und Bettler; Tizian zieht die Gesellschaft der Adligen und der Fürsten vor. Wenn man ihre Werke nebeneinander stellt, so kann man nur darüber erstaunt sein, daß bei Carpaccio vor allem die Menge vorherrscht: in den Straßen, auf den Treppen, auf den Brücken, auf den Terrassen, auf dem Wasser. Carpaccio mischt sich unter das Volk; alles zerstreut, amüsiert und interessiert ihn. In der fröhlichen Farbe, in der Frische der Begebenheit verkündet sogar die Häßlichkeit der fleckigen Häuser und der Wäsche, die über die Kanäle von einer Fassade zur anderen gespannt wird, die unbefangene und stolze Seele Venedigs. Als Tizian nach Bellini und Giorgione den Platz einnimmt, den ihm sehr schnell niemand mehr streitig zu machen wagt, wird die Welt nicht mehr in der Einfachheit ihrer Vielfalt beschrieben. Sie wird neu interpretiert und neu errichtet, als ob es darum ginge, eine andere Zukunft vorzubereiten als die, die Venedig zu Recht von sich erwarten dürfte. Ein neues Vorgehen der Eroberung beginnt. Es geht nun nicht mehr darum, den Launen der natürlichen Elemente und den Begierden der Ehrgeizigen zu widerstehen. Man muß sich im Bereich des Geistes durchsetzen und neue Linien der Sensibilität in Europa erfinden.

1914 schreibt Élie Faure in seiner ersten Ausgabe von *Art renaissant*: „Die Linie ist verschwunden. Abgestufte Tupfen geben eine ausreichende Vorstellung von der Form, um sie am gesamten räumlichen Leben teilhaben zu lassen. So liegt das Kontinuum, das das lebendige Werk ausmacht, nicht mehr in diesem inneren Trieb nach sozialer Solidarität, die bei den Künstlern des Mittelalters unsichtbare Verbindungen zwischen den Dingen schafft; es liegt auch nicht mehr in der intellektuellen Arabeske, die es eher geistig als sinnlich definiert; es liegt in der gegenseitigen Abhängigkeit aller Elemente der Welt, Formen, Linien, Farben und die Luft, die sie vereint. Tizian vollendete das Werk von Masaccio, ergänzte das von Bellini, krönte das von Giorgione und verkündete vor Rabelais, vor Shakespeare, vor Rubens, vor Velázquez und Rembrandt und lange vor den deutschen Musikern den modernen Geist. Er hat die Sinfonie geschaffen. Er ist der Vater der Malerei."

Als erster konnte Tizian von der Macht seiner Devise „*Natura potentior ars*" (die Kunst ist mächtiger als die Natur) überzeugen. Als erster hat er die Malerei von der Knechtschaft des „Themas" befreit und ihr wie auch ihrem Schöpfer die Unabhängigkeit gegeben, die sie nie mehr aufgeben wird.

DIE WAHRE MALEREI FÜR DIE EWIGKEIT

DIE MOSAIKEN

Vittore Carpaccios *Löwe von San Marco,* der majestätisch und furchtbar aus den Wassern der Lagune auftaucht, um das Festland in Besitz zu nehmen, ist in doppelter Hinsicht sinnbildlich: Nach der Errichtung seines Imperiums über die Meere beginnt Venedig mit der Eroberung des Festlandes. Ihm bietet sich ein neuer Raum. Hier lagert es sein angesammeltes Vermögen. Aber der geflügelte Löwe, das traditionelle Sinnbild des Evangelisten Markus, war auch das Symbol der Republik Venedig. Ab dem 9. Jh. hatte sie Markus als Schutzpatron gewählt und damit unbestreitbar ihre stolze Unabhängigkeit von Rom und seinen Päpsten zum Ausdruck gebracht. Nach einer frommen Legende soll der Leichnam von Markus, der heimlich von venezianischen Seefahrern aus der muselmanischen Stadt Alexandria geraubt worden war, 829 in einem gepökelten Schwein verborgen nach Venedig transportiert worden sein. Es ist bekannt, wer ihn transportiert hat: Rustico und Buono. Der letzte Bestimmungsort liegt auch inmitten dessen, was Venedig später werden sollte: der Ort, an dem sich die dem Evangelisten geweihte Basilika erhebt.

Als Carpaccio um das Jahr 1500 dieses Gemälde von 130 x 368 cm malt, das man heute im Dogenpalast sehen kann, befolgt er die ikonographische Tradition des geflügelten Löwen, des Herrn der Wasser und der Erde. Er vergißt auch nicht das Gottgefällige durch die Worte in dem offenen Buch, das die Großkatze in ihrer starken Pfote hält.

VITTORE CARPACCIO
Der Doge Leonardo Loredan
1501, Öl auf Holz, 67 x 49 cm,
Bergamo, Accademia Carrara.

Was seitdem den Blick auf den künftigen Ruhm Venedigs lenkt, ist die Landschaft, die den Löwen umgibt. Rechts verlassen die Schiffe das Arsenal, ausgerüstet für weitere Reisen und zu neuen Reichtümern fahrend, die gewaltsam und geschickt erworben werden. Links zeichnen sich der angehäufte Reichtum und die etablierte Macht ab: der Dogenpalast, hinter dem die Kuppeln der Basilika zu sehen sind. Eine wahrheitsgetreue Ansicht der Piazetta, so wie man sie von der Insel San Giorgio Maggiore sehen kann; natürlich fehlen auch nicht der Campanile und seine kürzlich restaurierte pyramidenförmige Spitze.

Dieses große Gemälde, ein symbolisches Werk, das möglicherweise zur Verzierung der Wand einer der Magistraturen des

Camerlengo-Palastes in Auftrag gegeben wurde, hat ebenfalls Zeugnischarakter. So war die Kunst von Carpaccio, einem der phantasievollsten Erzähler am Ende des 15. Jh. in Venedig. Er wurde 1465 in dieser Stadt geboren, macht hier seinen Werdegang und stirbt hier um 1525. Der genaue Beobachter der Realität seiner Zeit ist nach Art seines Freundes Gentile Bellini einer der wertvollsten Führer durch diese Zeit.

VITTORE CARPACCIO
Der Löwe von San Marco
Öl auf Leinwand, 130 x 368 cm,
Venedig, Dogenpalast.

EIN ABENTEUER DER KREATIVITÄT

Doch die Geschichte, die uns zu Carpaccio sowie zu seinen Kollegen in Prunk und Würde führt, ist bereits lang … Sie beginnt

mit dem, was man ein Abenteuer der Kreativität, ein Wunder der Erfindung und einen Triumph der Phantasie nennen muß. Alles trägt dazu bei, aus Venedig eine besondere Stadt zu machen. Um die Faszination besser zu verstehen, die sie täglich auf alle Kunstliebhaber und alle in einen Traum Verliebten ausübt, hilft uns ein Umweg durch die toten Städte, die sie in ihrem unnachahmlichen Schicksal begleiten.

Von allen diesen toten Städten und den überlebenden Inseln, die sie unserem bezauberten Gedächtnis zutragen, ist Torcello diejenige, die an die weit zurückliegende Zeit der Geburt einer Stadt am besten erinnert. Hierher haben sich neben anderen Inseln die Fischer und Seeleute geflüchtet, die auf dem Festland nicht mehr ausreichend geschützt waren, um den Horden von Plünderern und Räubern aus dem Norden zu entgehen. Auf diesen Inseln beginnen sie mit der Schaffung eines neuen Lebensraums. Lange vor anderen berühmten Romantikern verändern sie im eigentlichen Sinne die Welt und das Leben ... Für sie ging es um das nackte Überleben.

Ein Bericht aus der Mitte des 6. Jh., der übrigens die Historiker entzückt, beschreibt die Lagunen und das Leben der Bevölkerungen, deren Nachkommen später Venedig gründen sollten. In einem Brief an die „Tribunen der Meerleute, die Venetien verwalten", ist Cassiodor, der Gardepräfekt der Prätorianer (anders gesagt, Minister des Königs der Ostgoten, Theoderich) über seine Beobachtungen erstaunt:

„Bei euch wird das Gesicht der Landschaften durch Fluß und Rückfluß abwechselnd verborgen und wieder freigelegt. Eure Häuser gleichen Nestern von Seevögeln, die mal auf der Erde zu liegen und mal im Wasser zu schwimmen scheinen ... Die auf den Fluten verstreuten Behausungen sind nicht das Werk der Natur sondern vom Menschen gefertigt. Mit Hilfe miteinander verflochtener biegsamer Binsen wird die Erde fest, und ihr fürchtet euch nicht, diesen zerbrechlichen Schutz den Meeresfluten entgegenzustellen."

Seit dieser Zeit zögert das Volk der Lagunen nicht, seine geschützte Basis zu verlassen, um aufs weite Meer hinauszuziehen. Cassiodor sagt dazu: „Von weitem sieht es so aus, als ob eure Boote auf der Wiese gleiten, denn man sieht die Rümpfe nicht. Sie kommen mit Stricken gezogen voran, da das Ruder nicht eingesetzt werden kann, und aus Angst, das Segel zu verwenden, machen eure Leute von dem langsamen Vorgehen der Fährleute Gebrauch."

Diese von Cassiodor beschriebene völlig ungewöhnliche Situation sollte viele Auswirkungen auf die Lebensart der Lagunenbewohner, auf die Regierungsart sowie auf ihre experimentelle Beherrschung der Architektur haben. Da das Leben für alle so schwierig ist (die einzigen Ressourcen waren Fisch und Salz), schreibt Cassiodor weiter: „Die Armut lebt hier auf gleichem Fuß mit dem Reichtum: eine einzige Nahrung stärkt alle, dieselbe Behausungsart umschließt sie; sie kennen keine Eifersucht

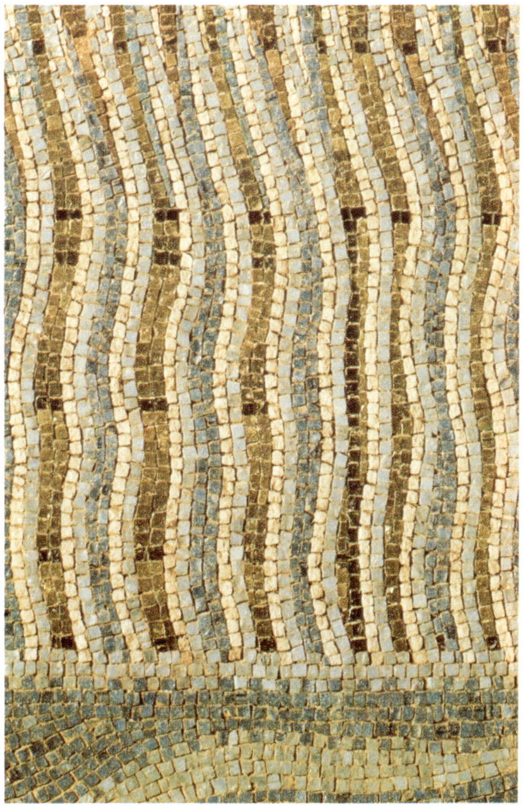

und, da sie ein so maßvolles Leben führen, entgehen sie dem Laster, dem die Welt bekanntlich ausgesetzt ist."

Dies gilt auch für die Architektur: Diese primitiven Behausungen, die aus praktisch nichts (ein wenig Schlamm und Schilf) an dem Ort entstanden sind, der jedem vernünftigen und rationellen Besiedelungsplan entgegensteht, verdankten ihre Existenz nur der geschicktesten und pragmatischsten Anpassungsfähigkeit einer Bevölkerung an ihre natürliche Umgebung.

TORCELLO, DIE GEISTERSTADT

Die ganze Zukunft Venedigs liegt auf dieser Grundlage. Und doch ist dies nicht alles ... An diesem selben Ort, der sich heute demütig von dem Trubel und der fieberhaften Tätigkeit fernhält, entsteht eine Stadt, die bis zum 10. Jh. die große Handelsstadt der Lagune sein wird. Torcello hatte damals Paläste, Kirchen und einen Canale Grande. Wie später Venedig. Torcello, das nach und nach von Sand bedeckt und dann aufgegeben wird, verfiel langsam. Doch von seiner vergangenen Pracht hat es uns zwei bewundernswerte Monumente hinterlassen: Der Dom in Form einer Basilika mit seiner Verzierung aus byzantinischen Mosaiken erinnert daran,

wie die ursprüngliche Basilika San Marco in Venedig aussah; des weiteren die Rotunde von Santa Fosca und der sie umgebende elegante achteckige Portikus. Diese beiden Beispiele des Orients sind da, um zu zeigen, wie weit man so nahe dem Festland von Westeuropa entfernt ist …

Das geräumige und lichtdurchflutete dreifache Kirchenschiff von Torcello lehnt sich an die Bauten von Ravenna an. Der im 11. und 12. Jh. vergrößerte und mit Mosaiken verzierte Dom von Torcello bietet uns bereits das symbolische Modell der späteren venezianischen Kirchen.

Man kann unmöglich Torcello und San Marco voneinander trennen: Beide sind eng miteinander verbunden, um zum Ruhm Venedigs beizutragen. Nur die Bescheidenheit des einen (Torcello) unterscheidet ihn von der Großartigkeit des anderen. Wenn heute der Dom von Torcello auch im riesigen Schatten von San Marco verschwindet, ist er dennoch die ursprüngliche Skizze. Er ist viel bedeutsamer als ein einfacher Entwurf. Während sich San Marco schamlos insgesamt von innen und von außen zeigt, muß man Torcello – wie in Ravenna – betreten. Doch in Torcello wie in San Marco entdeckt man die Wirkung des Mosaiks: ein beredter Beweis der Beständigkeit und des Charmes.

Das Mosaik, das aus Steinen, Marmor, Email und manchmal Perlmutt, also immer aus haltbaren Materialien besteht, soll Jahre überdauern. Mehr als andere Techniken kann es den Angriffen der Zeit und des Wetters widerstehen. Während Malereien allmählich verblassen und ihre veränderten Farbbeziehungen häufige Restaurierungen erfordern, während die Fresken der salzigen Gischt und Schimmel zum Opfer fallen, bleiben die Farben der Mosaiken unversehrt. Auf ihrer Beständigkeit beruht also ganz offensichtlich ein Teil ihres Zaubers und ihrer Frische. Nicht ganz zufällig definierte ein Künstler der Renaissance, Domenico Ghirlandaio, das Mosaik als „die wahre Malerei für die Ewigkeit".

Das Mosaik, das aus einem Raster tausender kleiner Stücke einer harten Materie, den Mosaiksteinchen, besteht, die ebenso viele Farbpunkte bilden, zieht auf vielerlei Weise den Blick auf sich. Da darüber hinaus die Steinchen (gewollt oder nicht) nicht auf einer ganz ebenen Fläche angeordnet sind, sondern zueinander in einer gewissen Neigung stehen, spiegelt sich das Licht, das auf sie fällt (oder das sie häufiger noch streift, berührt und streichelt), nicht wie in einem Spiegel wider. Es bricht sich an ihnen oder streut sich elegant in ebenso viele Farbeinheiten. Dies schafft in Torcello wie bei San Marco diese wunderbaren Reflexe. Dies macht die gesamte Fläche des Mosaiks lebendig, flimmernd und fesselnd. Wie es die Stille von Torcello vertieft, so läßt das Mosaik die Sinfonie von San Marco erstrahlen. Jedem Gebäude seine Bestimmung, jedem sein Schicksal.

Oben, linke Seite
und vorhergehende Seiten

Mosaiken der Basilika San Marco:
Die Sintflut
(Ausschnitte)

Bemerkenswert ist die Kühnheit, mit der die Künstler den Regen (siehe auch S. 8) dargestellt haben, sowie das realistische Gesicht von Noah, der eine Taube freiläßt.

Η ΑΝΑCΤΑCΙC

Η CΤΑΥ
ΡΩCΙC

Η ΒΑΙΟΦΟΡΟC

SAN MARCO

Das Schicksal von San Marco ist von vornherein als ein politisches Schicksal festgelegt. Der Dom von San Marco wurde für die Reliquien des Evangelisten gebaut und seit seiner ab 832 vollendeten Grundsteinlegung ständig bis Ende des 15. Jh. erweitert.

Erinnern wir uns daran, daß die Basilika nicht der Dom der Stadt war (die bischöfliche Kirche ist die von San Pietro in Castello), sondern die Kapelle des Palastes der Dogen. Ihrem Bild und, durch sie, dem Bild der Stadt sollte die Basilika gleichen. Ihren Ruf sollte sie darstellen und mehren.

„Für jeden Venezianer war die Pflege und die Verschönerung der Kirche eine patriotische Pflicht, die jeder Bürger in dankbarer Freude erfüllte. Der Heilige ist nämlich der Schutzherr der Stadt; er verteidigt sie gegen alle Gefahren; er errettet sie aus allen Bedrohungen ... Der geflügelte Löwe, das Symbol des Evangelisten, beherrscht von der Höhe der Säule, auf die man ihn im 13. Jh. stellt, die zu seinen Füßen ausgebreitete Stadt, so wie er durch den gesamten Orient des Mittelmeers die venezianischen Eroberungen mit seinem ruhmreichen Bild prägt. Das Löwenbanner durchzieht siegreich die Meere, so wie es an Festtagen großartig an der Stange der drei Masten flattert, die vor der Basilika errichtet werden. Das gesamte öffentliche und private Leben Venedigs dreht sich um seinen heiligen Schutzherrn und das Sanktuarium, das ihm geweiht ist."[1]

Durch seinen Grundriß eines griechischen Kreuzes, durch die Kuppeln, die ihn krönen, durch die großen Bögen, die diese Kuppeln tragen, und durch den Portikus vor seinem Eingang hat San Marco ein völlig orientalisches Aussehen. Die Kirche der Heiligen Apostel in Byzanz diente den Erbauern als Modell. Aus Byzanz kommen die Grundsätze der Verzierung: Verkleidung mit vielfarbigem Marmor und Goldmosaiken. Aus dem Orient stammen ebenfalls die schönsten Baumaterialien. Jedes venezianische Schiff, das gen Osten fuhr, hatte den Befehl, alles mitzubringen, was zur Verschönerung des nationalen Sanktuariums beitragen könnte. Säulen, Flachreliefs, Statuen und Goldschmiedearbeiten gesellten sich allmählich zueinander. Gesucht wurde die Farbenpracht. Die Logik der Zusammenstellung war weniger wichtig als die Wirkung für das genießerische Auge der Venezianer.

Von Natur aus verfügte Venedig über wenig Raum. Diesen Mangel mußte es also durch übermäßige Pracht wettmachen. Und damit diese Pracht sichtbar werde, gestaltet man schrittweise den Raum um die Basilika, um nicht nur den Zugang zu ihr zu erleichtern, sondern vor allem, um ihr Bild aufzuwerten.

Die Einnahme Konstantinopels 1204 (der Kreuzzug war ein Vorwand für die Venezianer) verlieh den Arbeiten der Einrichtung

Vorherige Seiten

Die Basilika San Marco
(Außenansicht, Innenansicht)

Linke Seite und folgende Seiten

Die Schatzkammer der Basilika San Marco
Byzantinische Kunst.

Fülle von Gold und Edelsteinen ...

---

1. C. Diehl, *La République de Venise,* Flammarion, 1985.

IC
XC

und der Verzierung großen Schwung. Venedig, die Herrin des Orients, nachdem es seine Verbündete war, raubte ihm einen Teil seiner Schätze, um San Marco zu verschönern: Die Bronzepferde von Lysippos, Überreste des byzantinischen Hippodroms, werden über das große Portal gestellt, die Ikonen bereichern die Schatzkammer der Basilika; die prachtvolle Porphyrgruppe der *Tetrarchen*, ein byzantinisches Kunstwerk aus der präjustinianischen Zeit, wird zur Zierde der Turmecke der Schatzkammer gewählt …

Die Libreria Marciana,
Ansicht von der Basilika San Marco mit einem der vier Bronzepferde, die 1204 aus Konstantinopel mitgebracht wurden.

Indem es seine Position der Übermacht festigt, gibt sich Venedig neue Möglichkeiten, seine Unabhängigkeit von Lieferungen von Kunstwerken zu beweisen. 1268 wird durch einen Erlaß des Großrats beschlossen, in die berufliche Ausbildung erfahrener Mosaizisten zu investieren. Einige Jahre später werden die Glasbläsereien von Murano gegründet. Sie werden beauftragt, die Würfel aus farbigem Glas zu liefern, die für die Einrichtung der Basilika gebraucht werden. Aus dieser Zeit stammen die Mosaiken, die die Geschichte der Genesis erzählen. Und insbesondere die Geschichte der *Sintflut*, die der Vorstellungswelt der Venezianer so nahe ist.

Ende des 15. Jh. bietet sich die fast vollendete Basilika San Marco wie ein kostbares und glänzendes Bild. So erscheint sie im Hintergrund des Gemäldes, das 1495 von Gentile Bellini gemalt wurde: ein von Gold und Licht funkelndes Sanktuarium, ein Abbild der Vollkommenheit.

DER DOGENPALAST

Zur gleichen Zeit, zu der Mitte des 9. Jh. die erste Basilika San Marco errichtet wurde, baute Agnellus Parteciaco einen Palast für den Dogen, das Oberhaupt der Republik.

Mehrere Veränderungen, die wegen der zahlreichen Brände, die ihn mehrfach zerstörten, erforderlich waren, aber auch wegen des Ausbaus seiner Funktion verliehen schließlich dem Dogenpalast sein heutiges Aussehen. Während der zweiten Hälfte des 14. Jh. wurde die Fassade zum Meer sowie diejenige errichtet, die den sieben ersten Säulen des Portikus der Piazetta entspricht. Der Palast im stark von orientalischen Einflüssen geprägten Spitzbogenstil wurde zum Symbol von Venedig. Ein mächtiger origineller Bau, bei dem auf die doppelte Säulenetage von Portikus und Loggia die hohe Mauer gesetzt wurde, die die Reflexe aller Lichter erleuchten, elegante, mit Türmchen verzierte Fenster, Spitzen, die die obere Linie des Gebäudes krönen: Alles ist darauf ausgelegt, sich unauslöschlich ins Gedächtnis einzuprägen. In dieser endgültigen Version findet sich nichts von einer Festung. Nichts, um unwahrscheinlichen Angriffen standzuhalten: Es ist eine Gebäudelandschaft, in der sich Reichtum, Luxus und Heiterkeit ausbreiten.

Nach allen Schätzen – Fresken und Gemälden – die der große Brand vom 20. Dezember 1577 zerstören sollte, verbleibt im Innern des Palastes wie eine andere Erinnerung, sicherlich verschüttet, jedoch

irgendwo im kollektiven Unbewußten verborgen. Der Dogenpalast, der am Zusammenfluß der Gewässer, am Zusammentreffen von Schatten und Licht, auf halbem Wege zwischen Traum und Wirklichkeit erbaut ist, ist die Hochburg der Theatralik von Venedig. Er ist die sichtbare Seite des Ruhms. Seine andere Seite liegt an anderer Stelle: Man entdeckt sie, wenn man in die Zeit der Erbauer vordringt. Vorder- und Rückseite ziehen zusammen in ein und derselben Mythologie das Reale und sein Abbild an.

Entgegen dem Anschein ist Venedig eine Stadt, deren Geheimnisse wohl bewahrt sind. Sie bietet den Blicken nur ihr glänzendes Äußeres und bewahrt ihre Mysterien für diejenigen, die sie jedem äußeren Anschein vorziehen. Wahrscheinlich muß man weit zurückgehen, um sich daran zu erinnern, daß die Stadt auf einem unsicheren Grund errichtet wurde. Auch hier, welche Kühnheit, welch ein Erfindungsgeist: Man beginnt ab dem 11. Jh., die ursprünglichen Holzhäuser durch Steinbauten zu ersetzen. Ihre Grundmauern werden durch eine geschickte Zusammenfügung von Grundpfählen gesichert. Durch die Schlammschicht treibt man einen wahren Wald aus stabilen Pfählen, den ein Holzgitter bedeckt. Auf dieser Unterlage werden die Mauern errichtet. Ab dem 14. Jh. verstärkt man, ermutigt durch die täglich bestätigte Pracht der Verschönerungen an San Marco und dem Dogenpalast, den Unterbau der Stadt, indem man die Pfeiler unter der gesamten Fläche eines neuen Gebäudes eingräbt. So ruhte der gesamte Bau auf einer breiten Plattform, auf der das besser verteilte Gewicht das „Gelände“ fester machte. Auf dieser künstlichen Grundlage wuchsen mitten im Wasser Häuser und Paläste empor, die vielleicht überraschender waren als diejenigen, die die Erbauer auf festem Boden erhoffen konnten. Wenn es stimmt, daß einige Instabilitäten, sofern sie bekannt sind, die besten Stützen der Kraft und der Macht sind, so wird kein Beweis jemals eindeutiger sein als derjenige, der von den venezianischen Palästen erbracht wird.

Ab dieser Zeit kommt an Eleganz nichts der Fassade der Paläste von Venedig gleich. Denn in der Eleganz zeigt sich die Überlegenheit, zu der wachsender Reichtum berechtigt. Als Philippe de Commynes, Gesandter des Königs von Frankreich, 1494 Venedig entdeckt, ist er von dem eindrucksvollen Stadtbild geblendet:

„Sie führten mich die Hauptstraße, die sie Canale Grande nennen, entlang: Er ist sowohl sehr breit (die Schiffe fahren hindurch, und ich habe in der Nähe der Häuser Schiffe von vierhundert Tonnen und mehr gesehen) als auch meiner Meinung nach die schönste Straße auf der ganzen Welt, von den prächtigsten Häusern gesäumt, und er führt durch die ganze Stadt. Die Häuser sind sehr groß und sehr hoch, die alten Häuser aus gutem Gestein, und alle sind bemalt; die anderen, die seit hundert Jahren errichtet wurden, haben alle eine Vorderseite aus weißem Marmor aus dem hundert Meilen entfernten Istrien, und auch manches Stück aus Porphyr und Serpentin. Innen befinden sich, zumindest in den meisten, zwei Zimmer mit vergoldeten Decken, reichen Mänteln und Konsolen aus behauenem Marmor, vergoldeten Bettstellen und bemalten und vergoldeten Wandschirmen und herrlichen Möbeln. Es ist die triumphierendste Stadt, die ich jemals gesehen habe."

Nach dem Beispiel der Basilika strahlt jeder venezianische Palast durch die Großartigkeit seiner Fassade, aber auch durch den Zauber seiner Inneneinrichtungen. Die Anordnung des venezianischen Palastes richtet sich nach sowohl künstlerischen als auch funktionellen Anforderungen. Die Räume befinden sich auf beiden Seiten des *Portego*, was eine natürliche Belüftung sicherstellt, mit der die sommerliche Gluthitze und die Unbilden der Feuchtigkeit ertragen werden können. Die Etagen sind rationell nach Tätigkeiten aufgeteilt: Läden im Erdgeschoß mit Portalvorbau oder Portikus; Büros im Zwischengeschoß; Wohnbereich, stets mit dem berühmten *Salone* für Empfänge.

Die Pracht der Fassaden macht der Pracht der Innenhöfe den Sieg streitig. In deren Mitte befindet sich in der Regel ein Brunnen mit einem künstlerisch gestalteten Rand. Überall findet man durchbrochene Loggien, von denen aus sich der Blick durch die Säulen mit feinem Bogenwerk auf die Unendlichkeit des Wassers erstreckt. Die sehr hellen Gemächer sind neben dem Salone Privaträume, wie man sie in den Gemälden von Carpaccio sehen kann: Das Schlafzimmer der Hl. Ursula; das Studiolo des Hl. Augustins. Die Eleganz ist hier diskreter. Die Schönheit lädt zur Betrachtung ein.

Folgende Seiten

Gentile Bellini (1429–1507)
Prozession auf dem Markusplatz
1495,
Venedig, Accademia.

Linke Seite

Vittore Carpaccio
Der Doge Leonardo Loredan
(Ausschnitt des Gewandes)

Unten
Das „corno" des Dogen
Venedig, Museo Correr.

SEEFAHRER UND HÄNDLER

KONSTANTINOPEL, MARCO POLO, DAS ARSENAL

Was Venedig aufgrund des knappen Bodens, auf dem es gebaut ist, und aufgrund der Instabilität seines Grundes nicht erwarten konnte, in sich selbst zu finden, hat es sich von sehr weit her geholt. Es hat seine Grenzen nach außen geschoben. Dieses Volk, das „weder die Erde bearbeitet noch sät noch erntet", wie es ein Reisender im 11. Jh. beschreibt, findet auf den Meeren und Ozeanen das, was andere sich mühselig auf dem Festland verschaffen. Um dem undankbaren Boden zu entgehen, entscheidet sich Venedig bewußt für das Abenteuer auf See. Dieses Volk aus Seefahrern wird sehr früh ein Volk von Händlern. Es erobert durch Gewalt und durch List die strategischen Gebiete, die seine grundlegende Versorgung sicherstellen können, und legt, sicher vor den Begehrlichkeiten, solide Grundlagen für seinen Schiffsbau. Dieses strategische Vorhaben ist entscheidend für die Begründung seiner Macht. Es wird darüber hinaus zu einem Pfeiler seines Ruhms.

DOMENICO TINTORETTO (1560–1635)
Eroberung Konstantinopels von 1204
Venedig, Dogenpalast, Saal des Großen Rates.

DAS KOLONIALREICH

Die Schaffung des Kolonialreichs Venedig geht auf das Jahr 1204 zurück. Ab April 1201 verpflichtet sich Venedig zum Transport des Heeres der Kreuzfahrer nach Ägypten und zu seiner Versorgung während eines Jahres, um zum Erfolg des vierten Kreuzzugs von Innozenz III. beizu-

Domenico Tintoretto
Die Übergabe der Türken in Zara
(Ausschnitte)
Venedig, Dogenpalast.

tragen. Es schließt einen Durchzugsvertrag ab und beabsichtigt, durch seine Kenntnisse in logistischer Organisation ein gutes Geschäft zu machen. Vor allem dank der Fähigkeiten des Dogen Enrico Dandolo zieht Venedig aus dieser Angelegenheit einen gewaltigen Gewinn. Indem er sich an die Spitze des Kreuzzuges stellt, um seinen unerschütterlichen Willen unter Beweis zu stellen, lenkt Dandolo die Kräfte der Kreuzfahrer nach Zara, das die Venezianer den Ungarn wieder abnehmen wollten. Von dieser Schlacht bei Zara (1202), einer Generalprobe der späteren Einnahme Konstantinopels, gibt Domenico Tintoretto, der jüngste Sohn des großen Tintoretto, ungefähr vier Jahrhunderte später eine großartige Darstellung, wie auch übrigens von der zweiten Eroberung von Konstantinopel.

Indem er den Latinern die zweite Belagerung von Konstantinopel aufzwingt und sie noch vor dem Fall der Stadt veranlaßt, den Teilungsvertrag vom April 1204 anzunehmen, sicherte der Doge Dandolo für lange Zeit das Ansehen und den Ruhm seiner Stadt: Der Stadt des Hl. Markus läßt er drei Viertel der zu erlangenden Beute zuteilen; er erhält das Versprechen, daß die Handelsprivilegien der Serenissima im griechischen Orient erhalten bleiben; er läßt an Venedig „fünf Achtel" des griechischen Imperiums abtreten.

„Als Konstantinopel schließlich fiel (12. April 1204), wußten die Venezianer bei der Plünderung der Stadt und in den darauffolgenden Tagen als Sachkenner ihre Wahl unter den Reliquien und kostbaren Gegenständen zu treffen, mit denen Byzanz angefüllt war. Heute noch zeugt die Schatzkammer von San Marco trotz dem Brand, der einen Teil ihrer Reichtümer 1231 zerstörte, von der durchdachten und sicheren Methode und dem skrupellosen Vorgehen der Venezianer."[1]

Die Macht des Christentums über den Orient sollte jedoch nicht andauern, im übrigen aufgrund des Fehlers der Genueser, die sich mit den Byzantinern verbinden, um ihnen bei der Wiedereroberung ihrer Hauptstadt 1261 zu helfen. Paradoxerweise sind es die Mongolen, die Venedig Hoffnung machen, nachdem sie 1241 die Karpaten überquert und die Außenbezirke von Wien erreicht hatten. Die Mongolen, die an einen Gott glauben und dem Christentum gegenüber tolerant sind, können als mögliche Verbündete gegen den Islam gelten. So wird sie Venedig auf jeden Fall betrachten.

DAS GLORREICHE ABENTEUER VON MARCO POLO

Das Abenteuer der Familie Polo findet im Rahmen des Bündnisses mit den Mongolen statt. Diese Familie (Marco, sein Vater und sein Onkel) war bekanntlich nicht die erste, die die Wege des Fernen Ostens beschritten, die durch den Frieden mit den Mongolen wieder eröffnet waren.

1. C. Diehl, *op. cit.*

Es scheint jedoch, daß sie die ersten Menschen aus dem Westen waren, die bis ins Zentrum Chinas vorgedrungen sind. Das Packendste ist jedoch, daß Marco Polo als erster seine Beobachtungen aufgezeichnet und veröffentlicht hat. Nach 24 Jahren Aufenthalt im Fernen Osten (zwischen 1271 und 1295) wird Marco Polo, der unverletzt tausend Gefahren überstanden hat, bei einem der Kleinkriege gefangengenommen, die regelmäßig zwischen Venezianern und Genuesern ausbrechen. 1298 kommt er in Genua ins Gefängnis. Diese Gefangenschaft ist für die Nachwelt ein Glücksfall. Marco Polo, zur Untätigkeit verurteilt, verbringt seine Zeit damit, seinem Gefährten im Unglück, Rustichello da Pisa, seine *Memoiren* zu diktieren. Nach seiner Freilassung feilt er die Notizen von Rustichello aus und ist insbesondere bestrebt, lange vor der Erfindung des Buchdrucks, die Verbreitung seiner Abenteuer bei seinen Zeitgenossen sicherzustellen.

Er mußte viel Skepsis überwinden. Hätte er sich Abenteuer ausgedacht, die sich von allegorischen Mysterien einer unbekannten Mythologie leiten lassen, hätte er seine Leser und seine Zuhörer begeistert. Die Erzählungen Marco Polos jedoch beruhen auf Beobachtungen. Diese Enthüllungen, die aufgrund ihres Wahrheitsgehalts schwerer zu glauben sind, stören das Bild der äußersten Überlegenheit, das die Patrizier Venedigs von sich haben. So soll es anderswo in der Welt „Wunder" geben, die größer sind als diejenigen von Venedig? Das kann doch nicht wahr sein!

Natürlich darf nie darüber hinweggesehen werden, daß Marco Polo ein Mann seines Jahrhunderts, des 13. Jh., ist, Träger seiner Vorstellungswelt, seiner Überzeugungen und seiner Legenden. Das Wesentliche jedoch liegt in der Genauigkeit der Beschreibung, die dieser Reisende von dem täglichen Leben der Völker, die er besucht hat, gibt. Alles, die Gebräuche bei der Bekleidung, der Ernährung, des Liebeslebens, der Begräbnisse und der Religion, wird mit einer Einfachheit und einer Stichhaltigkeit erzählt, die noch den Leser unserer Zeit faszinieren.

Sein Vorgehen ist das eines Ethnologen, aber auch eines Geschäftsmannes, der zu keinem Zeitpunkt den Gewinn aus den Augen verliert, den er aus den täglich gemachten Entdeckungen erwarten kann. Von den Ufern Kleinasiens bis ins Innerste Chinas, von der Mongolei und Japan bis nach Siam, Sumatra und Ceylon, in Indien und in Persien, überall notiert dieser Entdecker die Erzeugnisse des Bodens und der Industrie sowie die Handelsbedingungen. All dies sollte normalerweise die Welt der venezianischen Händler, die auch die seine ist, beeindrucken. Sein Buch, das in Französisch geschrieben wird, der herrschenden Sprache seiner Zeit, wird bald ins Lateinische und ins Italienische übersetzt. Die Wege, die er eröffnet hat, werden sich nicht mehr verschließen. Dies geht so weit, daß E. Power von Marco Polo sagen konnte: „Als Lebender entdeckte er im 13. Jh. China, als Toter im 15. Jh. Amerika."

Seine Beschreibungen der Paläste des Kaisers von China erregen zweifelsohne den Neid mehr als eines Venezianers. Dies ist natürlich

Ausmalung eines Manuskripts aus dem 16. Jh., das die Anweisungen des Dogen Leonardo Loredan (1508) an den Kapitän Giovanni Mauro wiedergibt: in bestimmten Häfen des Orients anzulegen, um Gewürze zu laden …
Venedig, Museo Correr.

Folgende Seiten

Logbuch einer venezianischen Galeere (mit Kompaß), Venedig, Museo Correr.

das, was Marco Polo anstrebt. Dieser Venezianer, der ebenso neugierig auf alles Neue, auf das er trifft, wie besorgt um die Interessen seines Handels ist, ist ein vollkommener Vertreter seines Landes. Er, der sich leicht anpaßt, aus Überzeugung und Berechnung tolerant ist und nie vergißt, den Ehrgeiz seiner Mitbürger anzustacheln, ist nach dem Beispiel der Dogen seiner Zeit einer der Glanzpunkte der Geschichte Venedigs. Zu anderer Zeit hätte er es wahrscheinlich verdient, daß von ihm eine unvergeßliche Statue aufgestellt werde, die damals nur den Dogen vorbehalten war, wie zu Beginn des 14. Jh. das schöne Marmorbildnis des Dogen Antonio Venier, das von dem jungen Bildhauer Jacobello della Masegna (1383–1409) geschaffen wurde.

VOM BILD ZUR WIRKLICHKEIT

Die Abenteuer von Marco Polo und das Buch *Die Wunder der Welt*, das er darüber schreibt, sind eine Aufforderung zur Erfindung neuer architektonischer Formen für neues Vergnügen, wie es die frühen Vorfahren Venedigs vermochten. Marco Polos Beschreibung der Stadt Ciandu, Sommerhauptstadt von Kubilai Khan, übersteigt die Phantasie seiner Zeitgenossen an Kühnheit. Wenn er über seine Begeisterung spricht, als er erfährt, daß der Herrscher in seiner Sommerhauptstadt die Wahl hat, sich nach Belieben in einem Marmorpalast oder in einem anderen abbaubaren Bambuspalast auszuruhen, wie soll man dann nicht verstehen, daß er seine reichen Landsleute ermutigt, auch sich selbst Zeit für Träume und Genuß zu geben?

Pracht und Bequemlichkeit miteinander vermischt, es ist mehr als eine allegorische Beschreibung, die Marco Polo von dem gibt, was er entdeckt und was er nur schwerlich nicht mit Venedig vergleichen kann. Anderswo, als er auf seiner Rückkehr in seine Geburtsstadt nach Indien kommt, kann er auch nicht dem Vergnügen widerstehen, mit der Liebe zum Detail bei jeder Beobachtung die „Schiffe, in denen die Händler kommen und gehen" zu beschreiben. Auch hier ist es möglich, daß er, ohne Kenntnisse eines Schiffsbauers vorzugeben, daran denkt, nützliche Ratschläge denjenigen zu erteilen, die in Venedig mit dem Bau der Schiffe beauftragt werden, die abwechselnd dem Transport kostbarer Waren und dem Krieg dienen.

VOM HOLZ ZUR LEINWAND

Holz und Leinwand, so sehen die venezianischen Schiffe des Mittelalters aus. Holz und Leinwand sind auch Unterlage der Gemälde …

Die Reiselust, die so extrem von Marco Polo ausgelebt wurde, und die Beobachtungen, mit denen er zurückkommt, bleiben nicht ohne Einfluß auf die venezianische Kunst des 14. Jh. Das ausklingende Mittelalter bereitet die strahlende Renaissance vor.

Künstler aus anderen Städten üben ihr Talent in Venedig aus. Gleichzeitig hilft ihnen ihr Aufenthalt auf der Lagune jedoch,

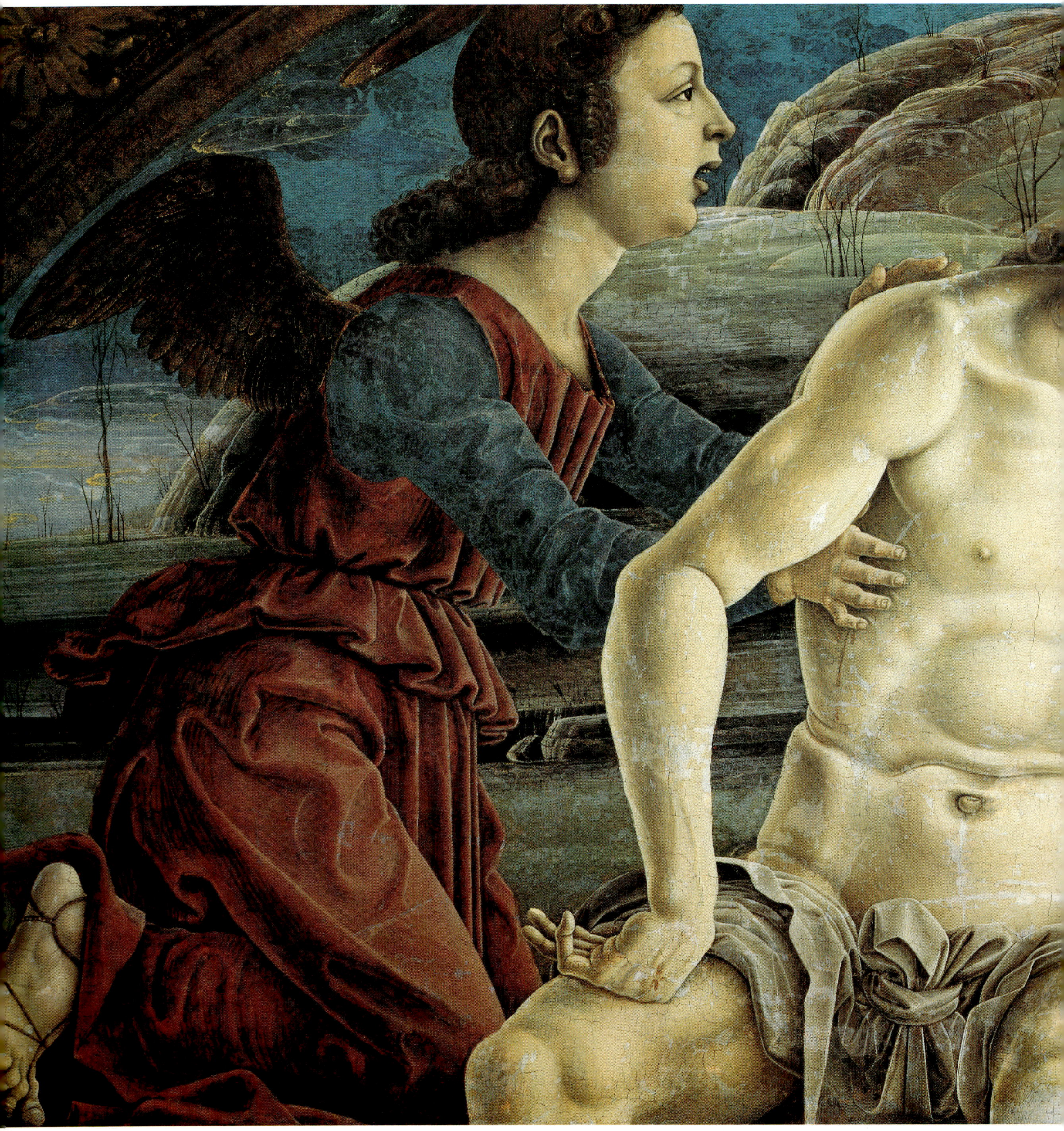

Vorherige Seiten

Cosme Tura
Engel, den Körper Christi tragend
Öl auf Holz, 44,5 x 86 cm,
Wien, Kunsthistorisches Museum.

Oben

Tomaso da Modena (1325–1379)
Triptychon der Gottesmutter mit dem Dogen und dem König
Tempera auf Holz, 79 x 54 cm,
Karlstein, Tschechische Republik.

Rechte Seite

Antonio Vasilacchi (1556–1629)
Die Krönung des Kaisers von Byzanz
Venedig, Dogenpalast.

sich von ihrer gewohnten Praxis zu lösen. Wenn die Werke, die Tomaso da Modena (1325–1379) hier ausführt, den Glanz haben, den das Gold ihnen verleiht, so deswegen, weil der symbolische Wert der Ewigkeit, der ihm zugeschrieben wird, voll zum Tragen kommt. Es ist demnach völlig normal, daß es in einem so beispielhaften Werk wie dem wunderbaren Tryptichon der *Muttergottes* vorhanden ist. Weder die Jungfrau noch ihre hochgestellten Begleiter können sich mit einem weniger üppigen Schmuck zufriedengeben. Und auch, weil das Gold am besten dem profanen Prunk Venedigs entspricht. Und schließlich, weil das Gold mehr als jedes andere Material das Holz bedecken kann, auf dem die Maler jener Zeit arbeiten.

Erst im 15. Jh. befreien sich die venezianischen Künstler von diesem Zwang. Manche malen weiterhin „nach Art der Fresken" Werke, die geschützt werden, weil sie zur Zierde des Innenraums der Kirchen bestimmt sind. So beispielsweise Pisanello (1395–1450) und sein erstaunlicher *Hl. Georg*, schön wie ein Paolo Ucello. Etwas später arbeitet Cosme Tura (1430–1495) unter dem Einfluß des mineralischen Stils von Mantegna ausschließlich auf Holz (*Pietà; Engel, den Körper Christi tragend*). Dagegen überträgt Antonello da Messina (1430–1479) sein Temperagemälde auf Leinwand auf Holz, als er in Venedig seinen *Hl. Sebastian* oder sein berühmtes Bildnis des *Condottiere* ausführt.

Die Zeit der Malerei auf Leinwand ist angebrochen. Abgesehen von der leichten Verwendung, die sie in die Malerkunst einführt, bietet sie den Vorteil, daß sie von einem Ufer des Mittelmeers ans andere und rasch in ganz Europa transportiert werden kann. Es genügt, daß man sich bemüht, das Gemälde von seinem Rahmen zu lösen und (wenn das Format es erfordert) vorsichtig seine Nähte zu entfernen, und daß es äußerst sorgfältig gerollt wird. Dann hindert nichts mehr daran, daß es die unabhängige Existenz erlangt, die es in der Folge bewahren wird.

GIOVANNI BELLINI (1430–1515)
Retabel der Kirche S. Zaccaria, Venedig

Die feine Haltung der Hand der Jungfrau, auf die das Jesuskind kaum seinen Fuß zu setzen wagt, hat viele Kommentatoren fasziniert …

JACOBELLO DALLE MASEGNE (1383–1409)
Der Doge Mocenigo
Marmorstatue,
Venedig, Museo Correr.

Rechte Seite

SCHULE VON BELLINI
Empfang des venezianischen Gesandten beim Sultan von Kairo
(Ausschnitt)
175 x 201 cm,
Paris, Musée du Louvre.

Diese Änderung der Unterlage hat eine schrittweise Umwandlung der Methoden und der Techniken der Malerei zur Folge. Wir finden dafür bezeichnende Hinweise in der Arbeit von Carpaccio, dem Meister des Farbauftrags in feinen Schichten, und dann in derjenigen von Giorgione, dem Erfinder der schweren Pigmentierung.

Man sieht also, daß Venedig sowohl in der Malerei als auch in der Architektur ein Laboratorium ständiger Experimente ist. Nichts von dem, was einmal erreicht wurde, scheint der Stadt definitiv erreicht zu sein. Wenn sie bewußt oder unbewußt für die Ewigkeit arbeitet, so weiß sie auch, daß Unsterblichkeit durch beharrliche Erneuerung entsteht. Empirisches Vorgehen ist für ihre Künstler wie auch für ihre Handwerker eine fortwährende Methode.

Hier finden wir das so typisch venezianische Vorgehen Marco Polos wieder: Er beobachtet und er interpretiert. Bei Schiffen, denen er im Indischen Ozean begegnete, beschreibt er folgendes: „Einige Schiffe, die größten, haben darüber hinaus wohl dreizehn Abteile im Innern aus gut zusammengefügten dicken Brettern; wenn es also zufällig geschieht, daß das Schiff entweder an einer Stelle birst oder an einen Felsen oder einen Wal stößt, der es auf der Suche nach Nahrung angreift und durchbohrt, dringt das Wasser durch das Loch ein und füllt den Schiffsraum, der nie völlig leer ist; die Seeleute finden dann die Stelle des Lecks; die Waren aus dem Abteil, in das das Wasser läuft, werden in die anderen gebracht, denn das Wasser kann nicht von einem in das andere Abteil laufen, so fest sind sie geschlos-

Rechte Seite

Die venezianische Flotte unter der Führung des Admirals Francesco Morosini
17. Jh.

Seine ruhmreichen Siege über die Türken verhalfen ihm 1688 zum obersten Amt des Dogen.

Unten

Karte der Meridiane in Form einer Säule. Barock, Venedig, Museo Correr.

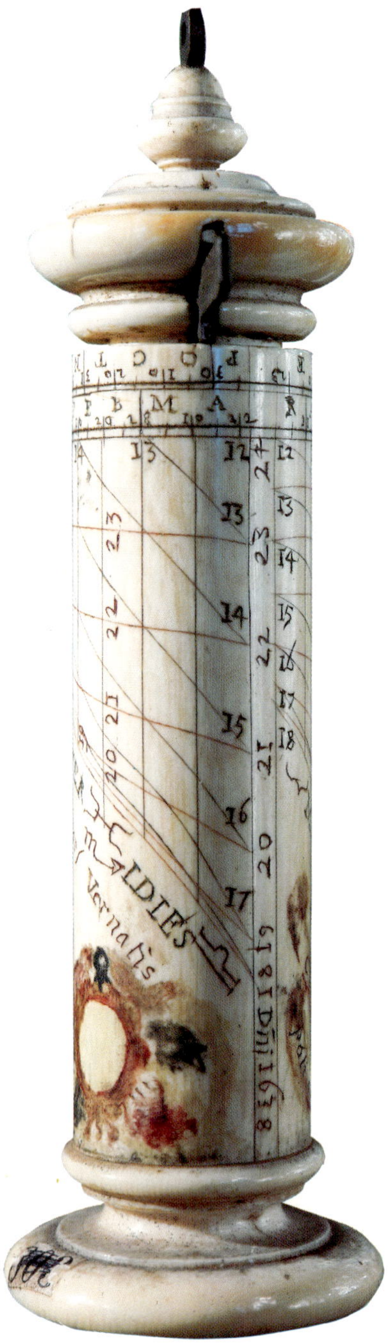

EGVISCE L.ARMATA TVRCA, CHE FVGGE SEBENE PIV̀
ARRIVA DVE DELLE PIV̀ GROSSE GALERE, E LE
APRILE 1659.

Rechte Seite

Laterne eines türkischen Schiffes
Bronze, Schiffsmuseum, Venedig.

Zwei venezianische Köcher mit Pfeilen
17. Jh., mit Gold bemaltes Holz, Schiffsmuseum, Venedig.

sen; dann reparieren sie das Schiff und legen die Waren wieder dorthin, von wo sie weggenommen wurden."

DIE STÜTZE DER MACHT: DAS ARSENAL

Was man „die größte Werkstatt des Westens" nannte, findet man in Venedig ab dem 14. Jh. Das 1104 gegründete Arsenal erweiterte ständig sein Gebiet, so wie die Architekten im Schiffsbau ständig ihr Talent unter Beweis stellten. Venedigs Flotte ist das wichtigste Mittel seines geschäftlichen Erfolgs und seines politischen Einflusses. Man stelle sich vor, was an Voraussicht, Beharrlichkeit und Investitionen erforderlich war, damit 1423 der Doge Thomas Mocenigo in seiner berühmten Rede über den Zustand der Stadt 3 000 Handelsschiffe und 300 Kriegsschiffe zählen konnte. Von den 190 000 Bewohnern der Lagune werden 17 000 vom Arsenal beschäftigt, und die Schiffsbesatzung zählt 25 000 Seeleute.

Es liegt auf der Hand, daß die Handelsleute von Venedig trotz ihrer Umsicht ohne die Schiffe eine vorherrschende Stellung im Mittelmeer weder hätten begründen noch festigen können. So versteht man besser, warum diese riesige Werkstatt des Arsenals immer stark überwacht wurde, um sie gegen Spionage oder Sabotage zu schützen.

Das Arsenal, ein außergewöhnliches Zeugnis militärischer Architektur, ist nämlich ebenfalls ein bevorzugter Ort, in dem die Macht des Staates zum Ausdruck kommt. Der Staat baut die Galeeren, rüstet sie aus und beschützt sie. Er legt die Zahl der Schiffe fest, ernennt die Kapitäne und entscheidet über die zu befördernden Waren. Der strenge Zeitplan für die Fahrten der Konvois ermöglicht einen sinnvollen Wechsel der Schiffe. Es ist somit normal, daß der Staat über das Instrument seiner Autorität verfügt, um sich die Kontrolle dieser Regelungsfunktion zu sichern. Am Rialto und an den Ufern des Canale Grande werden die Geschäfte gemacht. Hier trifft man die Händler, die miteinander verhandeln. Man begegnet dem malerischen Volk, das Carpaccio malen wird. Im Arsenal selbst, einer wahren Festung, werden die Teile der geschäftlichen und militärischen Macht Venedigs geschmiedet und zusammengefügt. Hier steht die schmucklose Architektur im Gegensatz zu dem Prunk der Paläste und der *Fondachi* an anderer Stelle. Das Arsenal ist von hohen nüchternen Mauern umgeben, die sogar die Gaffer entmutigen sollen, die sich dorthin wagen könnten. Nichts strebt nach Verzierung oder Ästhetik. Nur ein Flachrelief von Sansovino über dem Eingangstor wird erlaubt.

Man sagt, daß Dante, der sich Anfang des 14. Jh. nach Venedig begibt und das Arsenal besichtigt, Stoff gefunden haben soll, seine theologische und dramatische Sicht des menschlichen Lebens zu untermauern. Alles im Innern dieser riesigen Baustelle ist „Lärm und Wut". Die Montagebänder, an denen tausende von Arbeitern beschäftigt sind und von denen die Galeeren Venedigs seetüchtig und kampfbereit auslaufen, sind ein düsteres Bild von der Hölle der Arbeit. Dies ist die dunkle verborgene Seite des Ruhms von

Venedig. Was Dante jedoch möglicherweise nicht wußte, ist, daß die Republik für diese Arbeiterklasse eine besonders wohlwollende Wertschätzung hatte. Sie wußte, daß der Erfolg auf der Basis beruht, die man achten können muß. „Man konnte sagen, daß es ab dem 14. Jh. keinen Venezianer gab, der nicht irgend etwas besaß; und jeder Mann fand in seiner Tätigkeit eine einträgliche Beschäftigung. Es gab kein Proletariat; soziale Krisen waren unbekannt.“[1]

Die schöne Serie von Holzschnitten, die die Wallfahrt des Bischofs Breidenbach im 15. Jh. schildert, zeigt eine der letzten Phasen des Baus einer venezianischen Galeere. In diesem Bild des Holzschnitzers Reuwich findet sich nichts von Dante. Nehmen wir aus derselben Serie ein anderes Bild, das des Markusplatzes kurz vor dem Erdbeben, bei dem der Campanile zusammenstürzte.

Innerhalb des Arsenals werden strenge Methoden der Arbeitsorganisation entwickelt. Die Macht liegt hier in den Händen des

1. C. Diehl, *op. cit.*

CIVITAS VENECIARV
Ecclesia
sci Marci
palacium ducis

Zwei Holzschnitte des Deutschen Reuwich, die 1486 in Mainz gedruckt wurden, zeigen uns Venedig am Ende des 15. Jh. Links eine Gesamtansicht des Markusplatzes mit dem Dogenpalast, der Basilika und dem Campanile. Rechts wird in der Werft des Arsenals letzte Hand an den Bau einer Galeere gelegt. Venedig, Libreria Marciana.

Schild einer Schiffswerkstatt
16. Jh., bemaltes Holz,
Venedig, Museo Correr.

Proto, des Vorarbeiters. Er verwendet ein Wissen, das er selbst von seinen Vorfahren übernommen hat. Er kennt weder Euklid noch die Strömungslehre. Sein Talent liegt in seinem Gedächtnis, in seiner Gewandtheit, die richtigen Maße weiterzugeben, und seiner Autorität, sie befolgen zu lassen. Sogar in dieser Kunst, die völlig von Empirismus geprägt ist, findet sich das, was aus Venedig ein schwer zu imitierendes und noch schwerer zu besiegendes Genie macht. Im Arsenal wie anderswo beweist Venedig, daß es seine wahre Kraft aus einem unerschütterlichen Selbstvertrauen schöpft. Selbst wenn es davon nur zeigt, was es zeigen muß; heute noch entzieht sich der düstere Charakter des Arsenals der Neugierde.

DER „BUCENTORO"

Dies ist ein Schiff, das keinem anderen gleicht und keine andere Bestimmung als das Fest hat. Und von allen Festen, die das Leben der Venezianer einteilen, ist das des Einsseins der Stadt mit der Adria das feierlichste. Am Himmelfahrtstag wird jedes Jahr des Triumphes des Dogen Pietro Orseolo gedacht, der im Jahr 1000 Venedig verlassen hatte, um Dalmatien zu erobern. Zum Gedenken an dieses Ereignis feiert der Doge mit großem Pomp seine Hochzeit mit dem Meer. Auf dem „Bucentoro" begibt er sich in seinem prächtigen Gewand aus Purpur und Gold bis zur Passage des Lido und wirft hier seinen goldenen Ring in die Fluten und spricht die rituelle Formel: „Wir heiraten Dich, oh Meer, als Zeichen der wahren und ständigen Beherrschung". Dann singt man die Messe, und die Feier geht im Palast mit einem riesigen Bankett und in der ganzen Stadt mit Spielen und Tänzen weiter.

Nur die Franzosen, unempfänglich für die Symbolik dieses rituellen Gedenkens, können es ins Lächerliche ziehen. Unter ihnen Joachim du Bellay, der bei seiner Rückkehr nach Rom in Venedig Halt macht und sich in den *Regrets* (1558) eine ironische Beschreibung der Zeremonie erlaubt:

> *Man muß sie sehen, Magny, diese großartigen Schwachköpfe.*
> *Ihr prächtiges Arsenal, ihre Schiffe, ihre Ankunft,*
> *Ihren San Marco, ihren Palast, ihren Rialto, ihren Hafen,*
> *Ihren Handel, ihre Gewinne, ihre Banken und ihre Geschäfte,*
> *Was man jedoch dabei am meisten schätzen muß,*
> *ist, wenn diese alten Gehörnten das Meer heiraten,*
> *dessen Ehemänner sie sind, und der Türke ist der Ehebrecher.*

Vielleicht hört man einen gewissen Neid aus diesen Worten und ein gewisses Bedauern, nicht auch anderswo gleichartige Pracht zu finden. Es gibt jedoch auch eine unter der Ironie verborgene poetische Intuition: Die Schlacht von Lepanto, dieser falsche Sieg des venezianischen „Ehemannes" über den türkischen „Liebhaber" ist nicht mehr fern: 1571 bekämpfen sich Venezianer und Türken erneut.

DER HERBST DES MITTELALTERS

BELLINI UND CARPACCIO

ANTONIO VASILACCHI
Ankunft von Catarina Cornaro, Witwe des Königs von Zypern
(Ausschnitt)
Um 1500,
Venedig, Museo Correr.

Die venezianische Malerei am Ende des 15. Jh., die zwar anfälliger als die Architektur, jedoch dadurch, daß sie weniger exponiert ist, länger bestehen kann, zeigt uns Bilder, die authentische Zeugnisse des Imaginären der Epoche, auch wenn sie treue Beschreibungen der Realität sind. Die Gemälde sagen uns nicht nur, wie zum Ende dieses Jahrhunderts die Architektur am Rande des Wassers aussah; sie setzen auch die gesamte Bevölkerung in den Festen in Szene, die sie zu ihrem eigenen Vergnügen veranstaltete.

In diesem Herbst des Mittelalters ist Venedig nämlich ein Bild des Glücks. Es scheint seiner Zeit voraus zu sein, bereits seine Renaissance zu erleben und somit von den Streitigkeiten verschont zu sein, die noch zwischen den „Festlandstädten" herrschen. Zwischen Zielen und Ausführungen, zwischen Reichtum und Gebräuchen, zwischen Erwartungen und Tugenden besteht ein Gleichgewicht. Zwischen den Menschen und der Welt hat sich eine wahre ungezwungene Distanz gebildet. Die Stadt ist eine Baustelle: Also lebt sie. Der Glaube an die religiösen Legenden findet sich im Alltag wieder: Die Hölle ist also sehr fern.

RIALTO UND SAN LORENZO: HOLZ UND STEIN

Vittore Carpaccio ist dreißig Jahre alt, als er um 1494 *Das Wunder der Kreuzesreliquie* malt. Die Szene beschreibt mit großer topo-

Rechte Seite

Gentile Bellini
Wunder der Kreuzesreliquie an der Brücke San Lorenzo
1496,
Venedig, Accademia.

graphischer Genauigkeit den Canale Grande am Rialto. Viele Details der Architektur sind heute noch zu sehen: die gotischen Fenster, die typischen umgekehrt glockenförmigen Schornsteine von Venedig. Die Rialto-Brücke dagegen ist noch aus Holz, man sieht ihr System der doppelten zentralen Klappe, die Schiffe durchfahren läßt, die ihre kostbare Fracht in den Lagern am Canale Grande, den *Fondachi*, entladen. (Erst 1591 wird die Brücke endgültig nach einer erneuten Restaurierung aus Holz infolge ihres Einsturzes im Jahr 1527 durch die uns heute bekannte Steinbrücke ersetzt.) Die Menge drängt sich auf dem Kai, sie ist neugierig auf das Wunder; die prächtig gekleideten Gondolieri – darunter links im Vordergrund ein Schwarzer – beleben den Kanal.

Ein anderes Gemälde von Gentile Bellini (1496) zeigt die Feier eines anderen Wunders des Kreuzes: *Das Wunder der Kreuzesreliquie an der Brücke San Lorenzo*. Auf dem kleinen Kanal San Lorenzo ist es eine Brücke aus Steinen und Ziegeln, die, man muß es dem Künstler glauben, möglicherweise die erste Brücke dieser Machart war, die sich am Ende des 15. Jh. über fließende Gewässer spannt.

DIE SCUOLE: SICH SELBST DER NÄCHSTE ...

In Venedig sind seit Beginn des 14. Jh. die wirtschaftlichen und geschäftlichen Tätigkeiten in Bruderschaften, den *Scuole*, organisiert. Diese haben den offiziellen Auftrag, die Ärmsten zu unterstützen und für diese fromme Tat der Nächstenliebe das soziale Netz sehr eng zu halten, um jegliches unerfreuliche Abgleiten in irgendeine Anarchie zu vermeiden. Manche dieser *Scuole* haben sich einen Ruf erworben, der erheblich von dem Talent der Künstler und Maler unterstrichen wird, die mit der Verzierung der Versammlungsorte beauftragt werden. Dieses Buch behandelt die Scuola San Rocco und die Werke, die Tintoretto dort hinterläßt. Hier geht es um die Bruderschaft der Hl. Ursula, für die Carpaccio zwischen 1490 und 1498 den Gemäldezyklus über *Die Legende der Hl. Ursula* ausführt. Dieses Werk ist insofern interessant als es unter dem Vorwand, die wichtigen Augenblicke im Leben der Heiligen darzustellen, alle Merkmale einer Übertragung der Legende in die Wirklichkeit besitzt und sich gleichzeitig eine freie Interpretation von ihr erlaubt. In den Gemälden von Gentile Bellini (*Die Prozession auf dem Markusplatz* oder *Das Wunder der Kreuzesreliquie an der Brücke San Lorenzo*) findet man dokumentarische Werke. Mit Carpaccio haben wir Zugang zur „Magie einer Synthese zwischen perspektivischer Abstraktion und rationeller Sichtweise der Realität."[1]

Die Liebhaber flämischer Malerei kennen den *Reliquienschrein der Hl. Ursula,* den Hans Memling für das Hospital Saint-Jean in Brügge malt (1489). Dies ist eine der zahlreichen – und eine der schönsten –

1. Terisio Pignatti, *L'art vénitien*, 1992.

Gemäldedarstellungen des abenteuerlichen Lebens der bretonischen Heiligen. Die Legende der Hl. Ursula, ein beliebtes Thema zum Ende des Mittelalters, wird in der *Goldenen Legende* von Jacobus de Voragine wieder aufgenommen. Carpaccio kannte wahrscheinlich deren Abschrift des französischen Graveurs und Druckers Nicolas Jenson in der volkstümlichen Übersetzung von 1475, die von Niccolo Malerbi signiert ist.

DIE LEGENDE DER HL. URSULA

Die Geschichte erzählt, wie eine christliche Fürstin aus der Bretagne, Ursula, einwilligt, Aethereus, den Sohn eines heidnischen Königs von England unter der Bedingung zu heiraten, daß er sich zum Christentum bekehrt und sie mit elftausend Jungfrauen, ihren Begleiterinnen, auf einer Wallfahrt nach Rom begleitet. Die Pilgerer sollten Rom unbeschadet erreichen und vom Papst und seinem Gefolge aus Kardinälen nach England zurückbegleitet werden. Als sie jedoch in Köln ankamen, wurden sie von dem Heer der Hunnen ermordet, die die Stadt belagerten. Da Ursula sich weigert, den Sohn des Hunnenkönigs zu heiraten, wird sie ihrerseits geopfert …

Dies ist die Geschichte. Diejenige, die Carpaccio in das Museum des Imaginären einführt, befolgt zwar im wesentlichen die Logik der Erzählung, verstärkt jedoch spürbar ihre Bedeutung. Sie wird die Grundlage der zarten Leidenschaften von Venedig: geträumter Aufbruch in ferne Länder, diskrete Geselligkeit der Kurtisanen; Liebe zu den Landschaften und Architekturen des Meeres. Obwohl die Chronologie der Gemälde von Carpaccio (die heute in einem der schönsten Säle der Accademia aufbewahrt werden) nicht die Reihenfolge der Erzählung einhält, obwohl man darin einen unbestreitbaren Fortschritt in der Kunst entdeckt, den Raum um das Thema zu gestalten, folgen wir der Reise der Verlobten in der Entwicklung des Dramas selbst, das sie erlebt haben.

Das Abenteuer beginnt mit der *Ankunft der Gesandten*, die die Hand von Ursula für den Prinzen Aethereus erbitten. Wir befinden uns am bretonischen Hof. Doch die von Segelschiffen durchfahrene Lagune, die Gewänder der Edelmänner und die Architektur der Paläste geben eine eindeutige Beschreibung vom Ort der Inspiration des Malers. Wir befinden uns in Venedig, das für eine Reise in Bildern nicht wirklich verlassen werden muß.

Der Gesandte übergibt dem bretonischen König das Schreiben des Heiratsantrages. Ursula, die für ihre Weisheit und Schönheit bekannt ist, ist es würdig, die Gattin des Sohnes des Königs von England zu werden.

Dann folgt in einem Saal des königlichen Palastes der *Abschied der Gesandten*. Der König teilt den englischen Boten die Bedingungen seiner Tochter mit, und die Gesandten verabschieden sich feierlich. Die

Oben, linke Seite (Ausschnitte) und folgende Seiten

VITTORE CARPACCIO
Die Legende der Hl. Ursula. Abreise der Verlobten
280 x 611 cm.
Venedig, Accademia.

VICTORIS
CARPATIO
VENETI·
·OPVS·
MCCCCLXXXXV·

Vittore Carpaccio
Die Legende der Hl. Ursula.
Die Ankunft der Gesandten
(Ausschnitte)

Vittore Carpaccio
Die Legende der Hl. Ursula.
Der Abschied der Gesandten

Rechte Seite

Die Legende der Hl. Ursula.
Die Rückkehr der Gesandten

Folgende Seiten

Links:
Die Legende der Hl. Ursula.
Die Ankunft in Rom
Oben:
Die Legende der Hl. Ursula.
Der Traum der Hl. Ursula

Pracht des Dekors, die Genauigkeit und die Leichtheit der Beschreibung der Details zeigen den Geschmack Venedigs an Innenausstattungen mit Einlegearbeiten aus farbigem Marmor und diese so distinguierte Lässigkeit, die die feierlichsten Verpflichtungen zu begleiten weiß.

In einem dritten Gemälde über das Thema der Gesandten wird der Zeitpunkt der *Rückkehr der Gesandten* dargestellt, die ihrem Herrn die Botschaft Ursulas überbringen: Sie verlangt, daß ihr Verehrer ihr zehn junge Mädchen als Begleiterinnen zugesteht, und daß jedes von tausend weiteren begleitet werde; sie fordert vom Prinzen die christliche Taufe und daß er zustimmt, vor der Vermählung drei Jahre zu warten, damit Ursula und ihre elftausend Jungfrauen eine Pilgerfahrt nach Rom machen können. Prinz Aethereus, geblendet von dem, was man ihm von der Schönheit Ursulas erzählt, nimmt diese Bedingungen an …

In diesem Gemälde stellt man zwei fremde Elemente fest: die „nicht venezianische" Architektur des Königspalastes und den nüchternen Triumphbogen, auf dem er ruht, die Marmorreliefs an den Mauern, die nackte Statue auf dem Dach – all dies ist ein wunderbarer Kontrast zu der venezianischsten Brücke, die man sich denken kann … Darüber hinaus kann der Pelzhut des im Vordergrund von hinten dargestellten Mannes als eine typisch englische Mode erscheinen: ein weiterer Kontrast zu der Unbekümmertheit der Knappen neben ihm auf dem Gemälde.

Doch die *Abreise der Hl. Ursula* (häufig als die *Abreise der Verlobten* bezeichnet) ist sowohl das größte Gemälde des Zyklus als auch dasjenige mit der faszinierendsten szenographischen Komplexität. In seinem Aufbau vereint das Gemälde drei Episoden: links der englische Hafen, wo sich Aethereus von seinen Eltern verabschiedet, im Hintergrund segelt ein großes Schiff mit Rückenwind davon, auf seinem Segel kann man umgedreht lesen „MALO": ein düsteres Vorzeichen einer Reise ohne Wiederkehr für den Prinzen. Auf der rechten Seite des Gemäldes befinden wir uns in der Bretagne. Der Prinz setzt seinen Fuß an Land; es ist sein erstes Zusammentreffen mit seiner Verlobten, das durch einen langen Blick geprägt ist. Im Hintergrund des Gemäldes besteigen die Verlobten das Schiff für ihre Reise nach Rom.

Die Geschichte geht mit dieser Reise weiter. Während der Überfahrt erhält Ursula im Traum die Ankündigung des tödlichen Schicksals, das sie erwartet. Dies ist der *Traum der Hl. Ursula*. Ein Engel teilt Ursula mit, daß sie bei ihrer Rückkehr für ihren Glauben den Märtyrertod sterben wird. Der Inhalt der Botschaft des Engels wird deutlich durch den Palmwedel in seiner rechten Hand kundgetan.

Natürlich befinden wir uns auf einer Reise, doch inmitten der Vertrautheit von Venedig. Das Zimmer, in dem die Heilige schläft, ist eine wunderschöne Beschreibung der Innenausstattung eines venezianischen Palastes Ende des 15. Jh.. Ursula schläft im ersten Licht des Morgengrauens. Ein Bett ohne Vorhänge, ein offenstehender Schrank und offene

Türen und Fenster. Die Augen der Prinzessin sind geschlossen und nach Osten gerichtet. Die *Goldene Legende* berichtet, daß sie träumt.

Die Hl. Ursula zeichnet im Bett eine Erhebung, die länger ist als ihr Körper. Eine klare Teilung der Decke insofern als der eine Rand im Morgenlicht und der andere ein wenig mehr im Schatten liegt. Das Fenster gegenüber wird von einer Säule geteilt, die hinter einem der Stützpfeiler des Baldachins, Betthimmels oder Katafalks verborgen ist. Ein Nelkenstrauß in einer langhalsigen Vase nimmt es nur zur Hälfte ein. Dies ist das Symbol der Hochzeitsnacht, der versprochenen Heirat, *ratum sed non consummatum*. Die andere Hälfte ist völlig von einem Myrtenstrauch in einer fast geschlossenen, etwas asymmetrischen Vase verdeckt. Die Myrte ist das Venus geweihte Symbol der Liebe.

Ursula erfährt, daß sie dem Martyrium entgegengeht. Der Engel verkündet es ihr im Traum, diesem anderen Bewußtseinszustand. Sie ist einem heidnischen Prinzen versprochen. Die Myrte im Innern des Bettraums kündet schweigend von Liebe und Tod in der Tiefe des Traums.

Nach der tragischen Ankündigung des Engels folgt *Die Ankunft in Rom*. Nach ihrer Ankunft, wie es das lange Gefolge der Gefährtinnen der Hl. Ursula ab dem weit entfernten Hafen bezeugt, werden die Verlobten vom Papst Cyriacus auf dem Rasen empfangen, der von der Festung der Engelsburg überragt wird. Hier befinden wir uns einmal fern von Venedig, sowohl hinsichtlich der Landschaft als auch durch die nüchterne Haltung der Personen.

Werden wir uns ihm im weiteren Verlauf der Reise wieder nähern? In Begleitung des Papstes und seines Gefolges aus Kardinälen segelt Ursula nach Norden, fährt den Rhein hinauf und geht in Köln vor Anker. Dies ist die *Ankunft in Köln*. Die Soldaten in Rüstung im Vordergrund sind Hunnen, die die Stadt belagern und alle Pilger töten werden. Wir verlassen endgültig die Ufer, die faszinierenden Spiele der gedrungenen Formen der venezianischen Schiffe und finden Ursula inmitten von *Martyrium und Begräbnis der Heiligen*, dem letzten Gemälde der Reise, wenn nicht sogar der Legende.

Oben und rechte Seite (Ausschnitte)

Die Legende der Hl. Ursula.
Die Ankunft in Köln

Folgende Seiten

Die Legende der Hl. Ursula.
Martyrium und Begräbnis der Heiligen

Wie bei der *Abreise der Verlobten* stellt das Gemälde zwei unterschiedliche Episoden der Legende dar: Links von der Säule erfüllt sich die Weissagung des Engels. Die Heilige, der Papst und ihre Gefolge werden von den Hunnen ermordet. Die Darstellung ist ungeordnet, wie es sich für einen ungleichen Kampf ziemt. Auf der rechten Seite des Gemäldes wird in der wiedergefundenen Ruhe der Katafalk der heiligen Märtyrerin zu Grab getragen. In der Trauergemeinde erkennt man Personen, die wahrscheinlich offizielle Vertreter der Scuola Sant'Orsela sind, die Auftraggeber für Carpaccios Werk.

Mittels der frommen Legende der Hl. Ursula ergreift Carpaccio die Gelegenheit, die Schönheit Venedigs, seine natürlichen Neigungen für Reise und Abenteuer zu verkünden. Allmählich bringt er sein Genie als Erbauer, sein Talent als Architekt in der Malerei zum Ausdruck. Er zeigt das Reale; er regt Vorhaben für neue Gebäude an, wie den Palast mit der Kuppel in der Mitte des Gemäldes *Die Ankunft der Gesandten.* Und er ordnet vor allem die Szene mit einer geschickten Bewegung an, die ein klarer Vorbote der Dynamik ist, die seine berühmten Nachfolger in die Malerei einführen werden: Tizian, Tintoretto und Veronese. Schauen wir noch einmal auf die *Ankunft in Rom*: Der Kreis, den das zweite Stockwerk der großen päpstlichen Burg beschreibt, setzt sich in einer Spirale in den beiden Gefolgen der Jungfrauen und der kirchlichen Würdenträger fort. Dieses 1494 gemalte Werk vernachlässigt – wie das *Wunder der Kreuzesreliquie* – keine Feinheit und mißachtet keinen Zauber, der die venezianischen Bewunderer zum Ende des Mittelalters begeisterte.

EINKLANG DES HEILIGEN UND DES WELTLICHEN

Das Heilige und das Weltliche werden in einem harmonischen Vorhaben versöhnt, das der Welt seine tiefe Bedeutung der Menschheit gibt. Das Reale spiegelt sich im Symbol wider; das sinnliche Vergnügen steht geistigen Freuden nicht entgegen. Die Wissenschaft streitet nicht mit der Religion um den Vorrang; die Beziehungen zwischen den Völkern sind keine Quelle von Konflikten, sondern eher zahlreiche Möglichkeiten, die Fähigkeit zur Anerkennung ihrer Unterschiede zu zeigen, die ruhige Sensibilität der Malerei ist eine Stütze für den entstehenden Humanismus.

Die Vorliebe für die Andacht (Carpaccio, *Der Hl. Augustinus in seiner Zelle*, 1502) in Verbindung mit derjenigen, die man gleichzeitig für eine protokollarische Parade haben kann (Schule von Bellini, *Empfang des venezianischen Gesandten beim Sultan von Kairo*): zwei Seiten derselben Eröffnungsabsicht. Der Hl. Augustinus lebt in seinem Arbeitszimmer, seinem *studiolo*, in einer in sanftes Licht getauchten Welt, das sowohl die Bronzestatue des auferstandenen Christus (in der mittleren Nische) als auch die Figur des weiblichen Aktes (links auf dem Regal) beleuchtet: Der liturgischen Ausstattung des Schrankes unter dem Altar entspricht das Astrola-

bium in der Nähe des Fensters als Symbol der wissenschaftlichen Forschung. Die Partituren im Vordergrund wurden als eine heilige Hymne und ein weltliches Volkslied identifiziert …

Auch die Schüler von Gentile Bellini streben danach, entfernte Welten miteinander zu verbinden, die einander nähergebracht werden sollen: Würdenträger zweier Völker, die dem Streit die Verhandlung vorziehen (selbst wenn dies nur vorübergehend sein kann) … Lädt die ungewöhnliche Darstellung eines Hirschs und einer Hirschkuh im Vordergrund nicht zum Pazifismus ein?

Heute ist es Verzückung, die Ernüchterung folgt später.

In allen Gemälden der Reihe der Hl. Ursula ist das Gleichgewicht zwischen den Wirkungen der räumlichen Tiefe und der Ausschmückung der Ebenen sowohl feinsinnig als auch harmonisch: illusionistische Glanzleistung als Trompe-l'oeil im Vordergrund, während der Eindruck der Entfernung durch eine sanftere Stimmung im Hintergrund erhalten wird.

Carpaccio ist einer der ersten, der die physikalischen Eigenschaften der Leinwand für einen originellen Ausdruck einsetzt. Er verwendet eine sehr dünne Vorbereitung, die das rohe Gewebe kaum bedeckt und trägt die Ölfarbe leicht, fast wie eine Skizze auf. Wahrscheinlich bemühte er sich insbesondere in *Der Hl. Augustinus in seiner Zelle* und in seinem berühmtesten Gemälde, die *Zwei Kurtisanen,* einen dreidimensionalen, lichterfüllten Raum zu schaffen, in den sich die Figuren später einfügen. Er nutzt die Zeichnung auf ganz venezianische Art, um den Eindruck malerischer Wirkungen hervorzurufen, die die Malerei dann voll und ganz wiedergibt. Damit gelingt es ihm, die weltlichsten Themen mit dieser Aura von Mysterien und Symbolen einzuhüllen, die eine allegorische Interpretation zuläßt.

Es folgt Giorgione, der geniale Neuerer …

VITTORE CARPACCIO
Der Hl. Augustinus in seiner Zelle
Um 1502, Öl auf Leinwand,
144 x 208 cm,
Venedig, Scuola di S. Giorgio degli Schiavoni.

GIORGIONE
DIE LIEBE
DIE POESIE

Man stimmt darin überein, von Giorgione, diesem Genie, eine einfache Sache zu sagen: Ob es sich um sein Leben handelt, ob es sich um sein Werk handelt, nur das Mysterium kann darüber berichten. Die besten Spürhunde seit Vasari im 16. Jh. bis zu den herausragendsten Kritikern und Professoren des 20. Jh. haben das Rätsel Giorgione noch immer nicht gelöst … Doch die Vielzahl der Interpretationen, die sie zusammengetragen haben, zeigen hinreichend die Bedeutung seines Werks in der Geschichte der Malerei.

Giorgione hat gleichermaßen die Sichtweise, die Machart und die Verkaufsweise tiefgreifend verändert. Und bis heute die Art zu betrachten. Für diesen jungen, stürmischen Mann, Humanisten, Musiker und Maler, ist wahrscheinlich die Liebe der Schlüssel, der die Pforten zum Geheimnis des Lebens öffnet.

Er wurde in Castelfranco 1477 oder 1478 (erstes Geheimnis) geboren und ist 22 oder 23 Jahre alt, als Venedig mit seinen hundertfünfzigtausend Einwohnern eine der größten Städte der Welt ist. Es befindet sich auch auf dem Höhepunkt seines Ruhms. Es beherrscht sein Wachstum und zeigt es auch. Der Stadtplan von Jacopo de'Barbari (*Venedig 1500*) zeigt seine stolze Harmonie. Alles ist hier klar, organisiert und geordnet. Der Canale Grande, die *Fondachi*, die Paläste und die Rialto-Brücke sind für die Ewigkeit gebaut. Die Überlegenheit auf den Meeren ist durch Schiffe gesichert, die vor der Giudecca kreuzen.

JACOPO DE'BARBARI
Venedig 1500
Venedig, Museo Correr.

Die Folgen der Ausdehnung der Welt nach der Entdeckung Amerikas durch Christoph Kolumbus und die Spanier und die Eröffnung der Route nach Indien durch Vasco de Gama und die Portugiesen haben die Üppigkeit der Serenissima noch nicht erschüttert und auch die venezianische Flotte noch nicht in den Kontoren des Orients bedroht, aus denen sie ihre Reichtümer schöpft. Die Streitigkeiten zwischen italienischen Städten, die in der damit verbundenen Verwirrung deren Macht schwächen, verschonen Venedig. Die Stadt, die ihr fast tausendjähriges Bild behauptet, widersteht selbst im Zentrum der Feindseligkeit den Erschütterungen, die sie heimsuchen. Ihre Hoffart und ihre Erfindungskräfte bleiben unversehrt. In allen Bereichen, die ihr Ansehen und ihren Zusammenhalt stärken, ist sie voraus: Städtebau, Architektur, aber auch Buchdruck (Aldo Manuce erfindet die *Schrägschrift* und führt das Buchformat *oktav* ein, das leichter zu transportieren ist) und Kunst des Sammelns. Alle Renovierungen der Gebäude, die häufig durch zerstörerische Brände vernichtet werden, dienen als Vorwand für farbenfrohe Verzierungen. Darunter die Fassade des Fondaco dei Tedeschi zum Canale Grande in der Nähe der Rialto-Brücke, mit deren Ausführung 1508 zwei junge Künstler beauftragt werden: Giorgione und Tizian. Durch Vermittlung ihres gemeinsamen Meisters Giovanno Bellini, des offiziellen Künstlers der Stadt, sollten die mächtigen deutschen Händler, die sich in Venedig niedergelassen hatten, Giorgione, der mit 30 Jahren bereits berühmt war, und seinen jungen zwanzigjährigen Lehrling mit dem „Fresko“ einer Allegorienreihe auf den großen Platten zwischen den Fenstern der Fassade beauftragen.

DIE FRESKEN DES FONDACO DEI TEDESCHI

Von diesem Werk bleibt nur ein sehr kleines Fragment, das schwierig zu entziffern ist (was das Geheimnis noch vertieft), da der Schirocco und die salzhaltige Luft dieses Wandgemälde sehr schnell angegriffen haben. Doch der Kommentar Vasaris von 1550 (als die Fresken noch nicht verblaßt waren) sollte hier angeführt werden. An diesem Ort, „dem schönsten und auffälligsten Ort der Stadt machte sich Giorgione an die Arbeit und hatte nur das eine Ziel, Figuren nach seiner Vorstellung zu schaffen, um sein Talent unter Beweis zu stellen … Diese Szenen sind nicht in einer logischen Folge angeordnet und stellen nicht die Geschichte einer berühmten Persönlichkeit der Antike oder der modernen Zeit dar. Ich habe dieses Werk niemals verstanden und auch niemanden gefunden, der es mir erklären kann.“ Daß ein mit der Kunst so vertrauter Geist wie derjenige von Vasari, der ebenfalls danach strebt, der Elite seiner Leser seine Sichtweise der Gegenstände der Malerei nahezubringen, darauf verzichten mußte, die Bedeutung des Vorhabens von Giorgione zu verstehen, mag überraschen. Eigentlich vertieft dies noch das Geheimnis …

Vivarini (1445–1505)
Hl. Antonius von Padua
Öl auf Holz,
Venedig, Museo Correr.

Ohne in eine bedingungslose Zuneigung zu verfallen, muß man jedoch anerkennen, daß alles in den etwa zehn Gemälden, die mit Sicherheit Giorgione zugeschrieben werden können, den Stempel der Neuerung trägt. Er erneuert, indem er Gemälde mit kleinen Ausmaßen malt. Er erneuert, indem er ausschließlich für eine Kundschaft reicher Kunstliebhaber arbeitet. Er erneuert, wenn er die Malerei ihrer dokumentarischen Funktion und ihrer Rolle als historische oder religiöse Preisung enthebt. Er erneuert schließlich, wenn er sich eine kühne und zweideutige Verbindung des Weltlichen und dessen erlaubt, was dieses Weltliche in sich an Heiligstem umfaßt.

Vielleicht wandelt Giorgione durch diese bis dahin unbekannte Fähigkeit, das Unbewußte (Heilige) in das Bewußte (Weltliche) eindringen zu lassen, die Malerei seines Jahrhunderts tiefgreifend um und fasziniert den Kunstliebhaber unserer Zeit. Wie kommt es denn, daß eine erste oberflächliche Betrachtung seines Werks dazu auffordert, nach einer Bedeutung zu suchen, die die Bedeutung des Themas übersteigt? Wie ist es möglich, daß ein tieferes Eindringen in das Bild uns in unseren eigenen Fragen weiterführt? Wie ist es weiterhin möglich, daß keine der zahlreichen Interpretationen dieses Werks dessen unsagbares Mysterium erschöpft hat? Ganz offensichtlich wirkt der Zauber …

Mindestens drei der größeren Werke von Giorgione sind nicht übertragbar: *Das Gewitter* (in der Accademia), *Die drei Philosophen* (Wien) und *Ruhende Venus* (Dresden). Zwei weitere sind zumindest schwer zuzuordnen: stammen *Das Konzert* (Louvre) und das *Konzert im Freien* (Florenz) von Giorgione oder von Tizian? Stammen sie von beiden? Dies trägt vielleicht zu ihrer faszinierenden Schönheit bei und verdichtet noch das Geheimnis.

Ein Mysterium, das vielleicht, sagen wir es, bevor wir uns dem Werk nähern, auf der Tatsache beruht, daß Giorgione seit seiner Jugend seinen Tod gewählt hat. Dem Vergnügen der Liebe, an dem er sich nach seinen Zeitgenossen ständig erfreute („*dilettose continovamente delle cose d'amore*") wird das vorzeitige Ende dieses Poeten des kostbaren Glücks (1510) zugeschrieben. Wertvoll, weil bedroht. Da er die Freuden nicht aufgeben wollte, die er mit seiner an der Pest erkrankten Geliebten teilte, starb er selbst daran. Dieser Tod aus Kühnheit, dieser Tod aus Zuneigung erleuchtet sein Werk. Er gibt ihm diesen tragischen Charakter, der durch die unerbittliche und unsterbliche Zeit (*col tempo*) unsere Emotion beeinflußt.

GIORGIONE
Ruhende Venus
Öl auf Leinwand, 108,5 x 175 cm,
Dresden, Staatliche Kunstsammlungen
Galerie Alte Meister

Das Modell der Meisterwerke und das Meisterwerk der Modelle.

DIE RUHENDE VENUS

Daß der Tod in den Tiefen der Liebe ruht, daß er dort seinen Keim legt und wächst, bis er seinen wahren Platz einnimmt, verkündet das Gebet von Rilke seit der Malerei von Giorgione.

O Herr, gieb jedem seinen eignen Tod.
Das Sterben, das aus jenem Leben geht,
darin er Liebe hatte, Sinn und Not.

Wenn sich zwischen der Frau und ihrem Abbild eine so vollkommende Harmonie erhebt (*Ruhende Venus*), befinden wir uns in der Welt der Malerei und verlassen diese Welt sogleich. Botticelli hatte als erster Venus aus der Höhle befreit, in der sie seit tausend Jahren eingeschlossen war. Weich, keusch, jugendlich, grazil und sehr florentinisch, bedeckt mit weizenblondem Haar, stellte sie sich mit zauberhafter Scham dem Urteil der Menschen. Sie machte sich bereit, den prächtigen Mantel zu erhalten, den eine junge Frau, die Schwester des Frühlings, über ihre kalte und verführerische Nacktheit werfen will, die Verehrung weckt.

Die Venus von Giorgione besitzt die gleiche Keuschheit, die gleiche Distanz, die gleiche Verlockung. Ihr Körper mit fraulicheren venezianischeren Formen erweckt nur die Liebe der Verzauberung und der Anbetung. Sie ruht ausgestreckt, schlafend, mit der Hand unter dem Kopf in dieser einfachen Pose, die die Maler unzählige Male wählen werden, ohne jemals eine völlige Nachahmung zu erreichen, in einer Landschaft, die ihres Körpers würdig ist. Zwischen der Göttin und der sie umgebenden Welt herrscht dieselbe Harmonie wie zwischen Venus und der Frau, die der Mann lieben kann. Keine Verzierung stört die Harmonie des Gemäldes. Wenn Schönheit so in der Heiterkeit des Schlafes strahlt, schützt sie sich vor unzüchtigen Blicken. Venus schläft, und wir träumen.

Oben und rechte Seite (Ausschnitt)

GIORGIONE
Die drei Philosophen
Öl auf Leinwand, 123,5 x 144,5 cm,
Wien, Kunsthistorisches Museum.

Als Tizian später in seiner *Venus von Urbino* das Motiv der *Venus* von Giorgione wieder aufnimmt, überträgt er sie in eine andere Umgebung. Er entblößt sie von ihrer Göttlichkeit. Er enthebt den Betrachter der Mühe, Phantasie zu entfalten. Die vertraute Venus von Tizian bietet in der häuslichen Welt, in die er sie wachend und darauf wartend darstellt, von der Dienerin bekleidet zu werden, die im Schmuckkasten sucht, ihre Reize in einer wahren öffentlichen Erklärung an. Diese Venus ist für alle erreichbar. Wie Ulrich Middledorf es einmal ironisch von diesem Gemälde gesagt hat, „es ist ein Schlafzimmergemälde ...".

Bei Giorgione liegt das Geheimnis dagegen in der Stille. Nur die Stille läßt dieser Musik, die jedes Gefühl begleiten muß, Raum.

DIE DREI PHILOSOPHEN

Wenn die Liebe (weltliche und heilige gemischt) eine gute Inspiration ist, so kann dies auch die Philosophie sein. Vor der Apotheose der *Ruhenden Venus* (ein Werk, das wahrscheinlich 1510 entstand und das Giorgione unvollendet läßt – wie Schubert, der ebenfalls mit 33 Jahren starb, seine *Sinfonie*) stammen *Die drei Philosophen* aus der Zeit, zu der Giorgione an den Fresken des Fondaco dei Tedeschi arbeitet (1508). Dieses Werk malt der Künstler für seinen Freund Taddeo Contarini. Es dient als Vorwand für eine gelehrte Diskussion über das hintergründige Thema, das seinen Reiz ausmacht. Handelt es sich um drei Denker, die sich miteinander

unterhalten, jedoch auch jeder für sich drei Erklärungsansätze für die Mysterien der Seele und des Universums darstellen? Handelt es sich, wie andere Interpretationen nahelegen, um eine Darstellung der Heiligen Drei Könige? Handelt es sich nicht vor allem um ein künstlerisches Meisterwerk, das in der Kunst der Malerei beispiellos ist? *Die drei Philosophen* sind sich untereinander nicht einig, befinden sich jedoch in tiefem Einklang mit dem Universum, das sie umgibt. Die im Vordergrund kräftigen Farben, die allmählich mit der natürlichen Landschaft im Hintergrund verschmelzen, fordern den Betrachter auf, den Weg des Menschen zur menschlichen Welt zu gehen.

In dieser Aufforderung liegt eine andere mögliche Auslegung, die Giorgione übrigens in *Die drei Menschenalter* (Florenz) vorschlägt: Weisheit ist nicht dem Alter vorbehalten. Oder auch: Niemand besitzt das Monopol der Harmonie. Der junge sitzende Philosoph richtet einen beobachtenden Blick auf die Geheimnisse einer Natur, die noch nicht aus ihrer Hülle herausgeholt wurde (links auf dem Gemälde); der Philosoph in reifem Alter im Mittelpunkt der Gruppe trägt keinen Gegenstand, der seine Überzeugungen ins Wanken bringen könnte. Der Greis rechts trägt den Beweis seines Wissens bei sich: das Buch (von dem man absichtlich den Autor nicht sieht), in das das Gedächtnis der Intelligenz eingetragen werden kann, um erhalten zu bleiben.

Von allen Werken Giorgiones ist *Das Gewitter* (zwischen 1506 und 1508) dasjenige, das die größte Bewunderung und die meisten Kommentare hervorgerufen hat. (Leider ist es heute unmöglich, es nach der Restaurierung unter guten Bedingungen zu fotografieren, da dieses Werk durch dickes Glas geschützt wird.) Wir kennen ebenfalls den Namen des privaten Auftraggebers, für den Giorgione gearbeitet hat: Es ist der junge und reiche Händler Gabriele Vendramin, ein enger Freund des Malers. Wir wissen auch, daß das Gemälde zu Lebzeiten des Künstlers in den Palazzo Vendramin gebracht wird.

Soll man in diesem Gemälde eine Mutterschaft der Venus sehen? Muß man in ihm eine Szene sehen, in der eine Beziehung zwischen der Zigeunerin und dem Hirten abgelehnt wird? Muß man in ihm eine Allegorie der zwei Venusfiguren, der göttlichen und der irdischen, sehen (vor allem, seitdem eine kürzlich durchgeführte Röntgenaufnahme in einer anschließend übermalten Version eine nackte Frau am Wasser sitzend aufgedeckt hat, dort wo dann der Hirte gemalt wurde)?

EINE HERAUSFORDERUNG DER GÖTTER?

Wenn die Malerei inspiriert, so gibt es allen Anlaß zur Annahme, daß der Maler selbst seine Inspiration tiefer geschöpft hat, als es das Thema des Werks vermuten läßt. Wenn er sich zum Schöpfer macht, so nicht nur gegenüber seinen Konkurrenten. Ihm drängt sich ein wichtigeres Vorhaben wie bei einem Dichter auf: der Versuch, das Spiel der Intuition

Linke Seite

TIZIAN
Die Schindung des Marsyas
Öl auf Leinwand, 212 x 207 cm,
Erzbischöflicher Palast von Kromeriz
(Tschechische Republik).

ANTONIO ZANCHI (1631–1722)
Die Pest in Venedig
1666, Öl auf Leinwand, 99 x 135 cm,
Wien, Kunsthistorisches Museum.

und der Energie zu entdecken, das zur Gründung der Welt führt, indem er seiner Schöpfung einen Sinn verleiht.

Es ist möglich, daß der alternde Tizian mit der Allegorie der *Schindung des Marsyas* denjenigen ehren wollte, der sein Meister und sein Freund war, bevor er 1510 an der Pest starb: Nach dem Beispiel von Giorgione hatte der Musiker Marsyas einen ungleichen Wettkampf gegen Apollo, den Gott der Musik, begonnen. Nicht die Kühnheit von Marsyas wird von „seinem" Gott bestraft, sondern sein übermäßiger Ehrgeiz. Ihm wird nicht der Versuch vorgeworfen, das Unerreichbare zu erreichen, sondern wahrscheinlicher, daß es ihm gelungen ist. Und dies ist unannehmbar: Die Ordnung der Welt wäre dadurch in Unordnung. Die auferlegte Züchtigung wird über eine individuelle Strafe hinausgehend zu einem Argument für den Schutz der gesamten Menschheit.

Damit befinden wir uns inmitten der Debatten, die die Humanisten der Renaissance eröffnen und die Giorgione und Tizian auf ihre Art veranschaulichen: Wenn der Mensch die Macht seiner Fähigkeiten entdeckt, wer kann ihm dann die Grenzen setzen, die nicht überschritten werden dürfen?

Diese Debatte der Humanisten findet in einem dramatischen Umfeld statt: Es herrscht eine Bedrohung, an der die regelmäßig besiegte Hoffnung der Menschen zuschanden wird. Diese Bedrohung hat ein Gesicht, das so viel Grauen hervorruft, daß man zögert, es in einem Bild darzustellen, das ihr noch mehr Realität verleihen könnte. Erst später, in der zweiten Hälfte des 17. Jh., wagen es die Maler, die Pest auf ihren Gemälden „darzustellen", wie Antonio Zanchi im Jahr 1666.

Es muß darauf hingewiesen werden, daß Giorgiones Erfindung neuer Auftragetechniken der Ölfarbe auf die Leinwand eng mit der Vollkommenheit des Werks zusammenhängt. Er wendet die Technik an, bei der die Ölfarbe dicker und undurchsichtiger aufgetragen wird. Durch eine hohe Pigmentkonzentration erhöht er die Deckfähigkeit der Farbe. Vor Giorgione war es Sitte, auf die mit Tempera vorbereitete Leinwand dünne aufeinanderfolgende Schichten des mit Pigment eingefärbten Öls aufzutragen, um das Licht durchzulassen, damit es sich auf der Gipsschicht widerspiegelt, die das Brett bedeckt. Indem er das Öl stärker pigmentiert, malt Giorgione das Licht durch Auftragen von weißer Farbe auf die vorhergehende Schicht. Damit entwirft er die Technik des Hell-Dunkel, die alle seine Nachfolger einsetzen.

Übrigens ist Giorgione der erste (und Vasari wirft ihm dies vor), der auf die Gewohnheit verzichtet hat, seine Kompositionen durch Zeichnungen auf Papier vorzubereiten. Mit der Methode des lichtundurchlässigen Auftrags kann er völlig frei seinen ersten Entwurf verändern. Die Ausführung des Gemäldes selbst, die von den vorhergehenden Zwängen seines Malers befreit ist, wird zu einer Entwicklungsarbeit, eher zu einer schöpferischen Entdeckung als zu einer Ausführung.

GIORGIONE
La Vecchia
1502–1503, Öl auf Leinwand,
68 x 59 cm,
Venedig, Accademia.

Linke Seite

GIORGIONE
Der Knabe mit dem Pfeil
Um 1505, Öl auf Holz, 48 x 42 cm,
Wien, Kunsthistorisches Museum.

VON LAURA ZU LA VECCHIA

Wollte Giorgione durch sein Leben und durch sein Werk eine andere Botschaft übermitteln? Wenn wir die beiden anderen Bilder *Laura* (Wien) und *La Vecchia* (Accademia) nebeneinander stellen, haben wir eine beredte Kurzfassung des Bildes, das sich Giorgione vom Schicksal macht. Dem beunruhigten Blick der noch unschuldigen jungen Frau entspricht der angstvolle Blick der erfahrenen Frau, die weiß, daß man der Zeit nicht widerstehen kann. Man versucht vergeblich, ihr zu entgehen. Kaum kann man einen Kompromiß mit ihr schließen: *„col tempo“* (mit der Zeit).

Die überzeugende Kraft von Giorgiones Werk erreicht auch uns in allen Bereichen der Kunst. Mehr noch als die Maler inspiriert sie die Dichter. Der amerikanische Romanschriftsteller Mark Helprin läßt den *Soldaten des Großen Krieges* (1993) sagen: „Als die Welt sich vor ihm verdunkelte und der Wind sich erhob, erahnte Giorgione seinen Tod und denjenigen aller Wesen und Dinge, die er liebte. Er verstand die Auflösung. Er sah die Vernichtung und die Nacht. Er sah, was die stolzen und wohlhabenden Städte, die Bögen, die Brücken und die errichteten Mauern erwartete.“

Warum sollte man denn die allgemeine Stimmung vergessen, in der das Werk von Giorgione vollendet wird? Kann man dieses komplexe Umfeld religiöser Feiern und von Volksfesten einerseits und der Unsicherheit (die ständig gegenwärtige Pest) andererseits unterschätzen? Wie kann man angesichts dieser unglaublichen Zweiteilung, die die ersten Jahre des 16. Jh. in Venedig kennzeichnen, eine Zukunft vorhersehen, die nicht vorrangig dramatisch ist? Kann man wirklich zwischen Lachen und Weinen wählen? Die Besänftigung kommt erst einige Jahre später: Die Serenissima, die einige Jahrzehnte von der Pest verschont bleibt und im Augenblick über ihr Handelsmonopol beruhigt ist, erlebt die schönsten Jahre ihrer Pracht. Als sie jedoch so diese Gnade genießt, hat Giorgione die Ufer der Lagune verlassen. Er hinterläßt von sich dieses geheimnisvolle Gesicht des *Knabe mit Pfeil* wie ein unsterbliches Bild.

Rechte Seite

GIORGIONE
Laura
Wien,
Kunsthistorisches
Museum

Unten

GIORGIONE
La Vecchia
(Ausschnitt)

EIN KIND VENEDIGS

TINTORETTO

Tintoretto
Susanna und die Alten (Ausschnitt)
1560, Öl auf Leinwand.
Wien, Kunsthistorisches Museum.

Treten wir ins 16. Jh. ein, das man lange Zeit als das Jahrhundert Tizians bezeichnen wird. In diesem Jahrhundert lebte laut Vasari „der außergewöhnlichste Geist der Malerei“: Tintoretto.

Jacopo Robusti wird 1518 in Venedig geboren. Sein aus der Toskana stammender Vater übt dort in einem bescheidenen Stadtviertel den Beruf des Seidenfärbers aus. Von diesem Beruf leitet Jacopo seinen Namen ab: Tintoretto, Sohn des Färbers.

„Zwischen Tintoretto und Tizian, die sich auf den ersten Blick so gleichen, wie ihnen Veronese gleicht, wie sich alle Venezianer ähneln, wenn sich das Auge von den teils strahlenden, teils dunklen angehäuften Formen in der blutroten Sonne des Meereshorizonts blenden läßt, gibt es jedoch fast einen Gegensatz der Seelen, wenn auch ihr Ausdruck häufig dieselben Bilder und denselben Klang hat.“[1]

Dies ist ein auf der Grundlage des Werks gezeichnetes Porträt. Denn wie so häufig im damaligen Künstlermilieu ist das Werk durchschaubarer als das Leben. Das Dunkel im Leben läßt der Legende viel Raum. Heute kann man leicht sagen, daß nichts diese Legende bestätigt; jedoch wurde sie durch keine Gewißheit entkräftet. In einem der scharfsinnigsten Artikel, die jemals über Venedig geschrieben wurden, untermauert

1. E. Faure, *Histoire de l'art. L'art renaissant*, 1986.

Tintoretto
Hl. Nicolaus von Bari
Um 1550, Öl auf Leinwand,
114 x 56 cm,
Wien, Kunsthistorisches Museum.

Sartre (*Les Temps Modernes*, November 1957) seine Interpretation so: „Venedig flüstert uns zu, daß alles sehr schlecht begonnen hat: *etwa um 1530 kommt der Knabe als Lehrling in die Werkstatt von Tizian, doch nach einigen Tagen entdeckt der Meister in den Vierzigern sein Genie und wirft ihn hinaus.* Ohne zu fackeln. Diese Anekdote wird immer wieder mit einer Hartnäckigkeit beschrieben, die schließlich verblüfft."

Zwischen 12 Jahren, dem Zeitpunkt dieses Mißgeschicks, bis zum Alter von 20 Jahren sagt uns niemand, was aus diesem Kind, diesem Jugendlichen, diesem Künstler wird. Man hat vermutet, daß er sich allein ausgebildet hat, daß er sein Leben und seinen Beruf im Verborgenen erlernt hat. Dies ist ganz offensichtlich eine unannehmbare Hypothese. Er kann nicht die Regeln, die Methoden, die Techniken und die Werkstattgeheimnisse erlernt haben, ohne unter der Leitung eines Lehrmeisters gearbeitet zu haben und von ihm ermutigt worden zu sein. „Von einem Maler", wie Sartre sagt, „von dem wir nichts wissen, außer daß er *nicht* Tizian war."

In dieser Zeit entwickelt Jacopo Robusti, der unter seinem Namen Tintoretto bekannt wird, seinen Stil: Er wird viel Aufsehen erregen. Mit dreißig malt er *Der Hl. Markus befreit einen Sklaven* und überrascht und verunsichert sein Publikum. Man hat von Tintoretto gesagt, daß er das Zeichnen von Michelangelo und die Farbe von Tizian gerne vereint hätte. In seinem ersten großen Gemälde geht er deshalb das Risiko ein, die klassische Anordnung der Formen und des Lichts zu verändern. Er signiert seine erste Inszenierung. Sein ganzes Werk wird um ein und dasselbe Vorhaben aufgebaut: das Ereignis so zum Leben zu bringen, daß der Betrachter Lust bekommt, darin dargestellt und, warum auch nicht, ein Akteur des Schauspiels zu werden.

Über seine Arbeitstechniken besitzen wir genaue Informationen. Sie waren originell genug, um sie ihm vorzuwerfen. Tintoretto hatte ein kleines Zimmer in ein Atelier umgewandelt, wo er sich bemühte, Themen nach Gipsmodellen zu malen, indem er die besonderen Lichteffekte im Schein einer Laterne studierte. Er baute auch kleine perspektivische Bühnenbilder und stellte mit Lumpen bekleidete Wachsfiguren hinein, um die Falten der Bekleidung zu erhalten, die das Licht einfangen. Um ihnen optische Bewegung zu verleihen, stellte Tintoretto Kerzen um diese Figuren. Der Schöpfer dieses wahren kleinen Theaters erweckte es anschließend durch den Pinsel auf seinen Gemälden zum Leben …

Tintoretto versucht, eher das „Wahrscheinliche" aufzustöbern als das „Wahre", für das die Natur das Modell liefert. In seinem Gemälde organisiert er die Szene durch einen geschickten Einsatz der Lichtquellen, die häufig doppelt, eine natürliche und eine künstliche Lichtquelle, sind.

Dies ist jedoch nur ein erster technischer Trick. Eine andere Geschicklichkeit muß in seiner Haltung gegenüber seinen Kunden und seinen Konkurrenten gesucht werden. Unersättlich, von einem wahren Schaffensdrang erfüllt und von einem Ehrgeiz beseelt, der direkt proportional zur

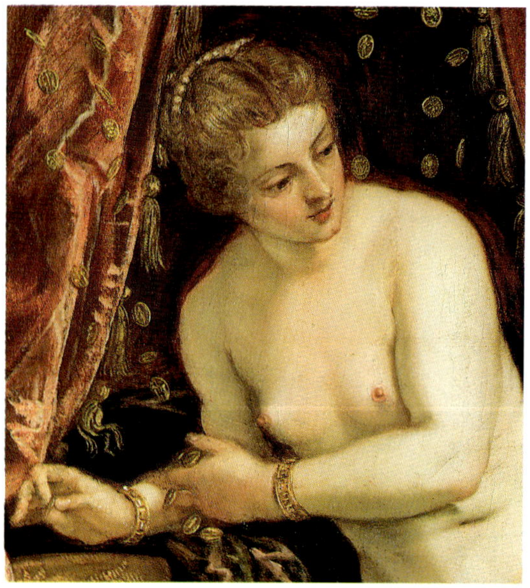

Oben und rechte Seite (Ausschnitte)
TINTORETTO
Danae
Öl auf Leinwand, 142 x 182,5 cm,
Lyon, Musée des Beaux-Arts.

Während ein Regen aus Goldstücken auf Danae niedergeht, versucht eine demütige Dienerin (rechts), einige davon in ihrer Schürze aufzufangen ...

Rache ist, die er an seiner Herkunft nehmen will, wendet er alle Listen an. Durch ständige Beobachtung und dadurch, daß er beim Arbeiten gelernt hat, hält er sich für fähig, es Veronese oder Pordenone gleichzutun. Ist es das, was gefällt? Daran soll es nicht liegen! Er wird gleiches zu einem weniger hohen Preis liefern! Er ist der Meinung, daß Venedig, da es ihm nicht die Rolle des offiziellen Künstlers anvertraut, die Tizian innehat (der sie später an Veronese weitergibt), ihm mehr *schuldet* als es den anderen Künstlern seiner Zeit geben kann. Denn er ist der einzige echte Venezianer. Diese naive Geisteshaltung ist auch eine Begründung und Rechtfertigung seiner Forderung: Er allein wurde in Venedig geboren, nicht Giorgione aus Castelfranco, nicht Tizian aus den Dolomiten und auch nicht Veronese aus Verona. Sollte er, der in Venedig geboren wurde und auch noch von bescheidener Herkunft (also deswegen verdienstvoller) ist, nicht zu diesem Ansehen gelangen dürfen, das an der Anzahl der ausgeführten Aufträge gemessen wird?

Um seine Ziele zu erreichen, schlägt er den Weg ein, der ihm als der zweckmäßigste erscheint: Er verschafft sich Zugang zu den *Scuole*, diesen Bruderschaften, die für die Verschönerung der Gebäude, für die sie zuständig sind, so viel Geld – und Gold – ausgeben, wie sie an die Bedürftigen verteilen, die sie ebenfalls vor dem Elend bewahren sollen.

TINTORETTO HÄLT EINZUG IN DIE SCUOLE

Tintoretto nähert sich also den obersten Verantwortlichen der *Scuole*. 1550 heiratet er Faustina, die Tochter des Oberaufsehers der Scuola San Marco, Marco Episcopi. Dies ist sein erster Schritt. Am 31. Mai 1564 beschließt Giovan Battista Tornielli, Oberaufseher der Scuola San Rocco, den Auftrag zur Ausschmückung des Mittelovals der Decke des Herbergssaals dem Künstler zuzusprechen, der den zu diesem Zweck veranstalteten Wettbewerb gewinnt. Am 22. Juni schenkt Tintoretto der Bruderschaft das ovale Gemälde *Ruhm des Hl. Rochus*.

Wie konnte er in drei Wochen diesen Kraftakt vollbringen? Es ist bekannt, der er dort gut eingeführt ist. Nichts von seinem Talent ist mehr unbekannt, doch man stört sich an seiner Schamlosigkeit, die er bei jeder Gelegenheit an den Tag legt. Tintoretto weiß dies alles. Da er die genauen Maße des auszuführenden Werks erhalten hat, muß er nur noch seinen Konkurrenten zuvorkommen, die alle an ihrem Entwurf arbeiten. Er führt heimlich das endgültige Gemälde aus und bedeckt es mit einer Pappe. Am besagten Tag zeigt jeder Künstler die Zeichnung seines Entwurfs. Als Tintoretto an die Reihe kommt, klettert er auf eine Leiter, entfernt die Pappe und enthüllt über den Köpfen der Jury das bereits vollendete strahlende Gemälde ... Man kann sich den Tumult sehr gut vorstellen. Tintoretto erklärt: Ein Entwurf kann zu Mißverständnissen führen. Als ich schon einmal dabei war, zog ich es vor, es auch zu vollenden. Und er fügt hinzu, um die Macht deutlich zu machen, die er über seine Konkurrenten und auch seine Auftraggeber bekommen wollte: „Wenn Ihnen jedoch mein Werk nicht gefällt, dann verschenke ich es; nicht Ihnen, meine Herren, sondern an den Hl. Rochus, Ihren Schutzheiligen." Er wußte genau, daß die Bruderschaft nach ihren Regeln nicht das Recht hatte, fromme Schenkungen abzulehnen. Damit war die Angelegenheit erledigt. Man brauchte es nur noch in den Registern der *Scuola* zu verzeichnen: „An diesem Tag schenkte uns der unterzeichnete Maler Jacopo Tintoretto ein Gemälde; er verlangt keine Entlohnung, verpflichtet sich gegebenenfalls, das Werk zu vollenden und erklärt seine Ansprüche als erfüllt." Und der Künstler schreibt seinerseits: *Io Jachomo Tentoretto pitor contento ...*

Die Herrschaft Tizians über sein Jahrhundert ist nicht ungeteilt. Ohne ihm seinen Rang streitig zu machen, halten andere Künstler entschlossen ihren Rang.

In diesen unruhigen Zeiten, die ständig von dem Druck der türkischen und italienischen Streitkräfte geprägt und erneut von heftigen Pestepidemien bedroht sind, reichen die religiösen Feste und der Karneval (den man bis zu sechs Monaten im Jahr feiern läßt) nicht aus, um die Angst zu vertreiben. Man braucht auch Vorhaben, die das Schicksal nicht endgültig gefährden, da sie die Zukunft nicht heraufbeschwören.

Tintoretto vergräbt sich mehr als andere in der Arbeit, als ob er von deren Ansehen angestachelt wird. Nichts hält ihn zurück oder löscht seinen Schaffensdurst. Nach dem Erfolg, den er für die Ausschmückung der Decke von San Rocco erntete, ergattert er den Vertrag zur Ausführung von Werken, die die Mauern und anderen Decken der *Scuola* schmücken sollen. 23 Jahre lang, von 1564–1587, malt und malt er allein, häufig von Musikanten ermutigt, die ihn begleiten.

Eines der Meisterwerke, das er in der *Scuola* schafft (und das man zu Recht als sein persönliches Meisterwerk ansehen kann), ist die *Kreuzigung*. Es besteht kein Zweifel daran, daß er für sein anmaßendes Verhalten bei der Auftragserteilung zur Ausschmückung der ovalen Decke Vergebung erlangen mußte. Ihm lag vor allem am Herzen, zu zeigen, daß er ohne Zynismus vorzugehen vermag. Eine solche Kraft und eine solche Leistungsfähigkeit können in Wahrheit nur aus unermeßlichen Qualen hervorgehen; sie können nur durch die überschwengliche Bewegung der Formen und der Farben zum Ausdruck kommen.

EINE KINEMATOGRAPHISCHE SICHTWEISE DER KREUZIGUNG

Als John Ruskin für die englischen Besucher des 19. Jh. die Architektur, die Bildhauerkunst und die Malerei von Venedig beschreibt und erläutert, verweilt er bei der Scuola San Rocco: „Diese Schule ist durch ihre Gemälde eines der drei kostbarsten Bauwerke, die in Italien noch mit den Gemälden aus der Bauzeit geschmückt sind und die sie an ihrem

TINTORETTO
Kreuzigung
1565, Öl auf Leinwand, 542 x 455 cm,
Venedig, Scuola San Rocco.
Ausschnitte S. 122 und 123.

ursprünglichen Platz zeigen können. Ich denke, daß niemand daran zweifeln kann, daß diese drei wertvollsten Gebäude die Sixtinische Kapelle in Rom, der Campo Santo in Pisa und die Scuola San Rocco in Venedig sind." Und Ruskin analysiert jedes der 62 Gemälde im Detail, die sich dort befinden. Angesichts der *Kreuzigung* verschlägt es ihm buchstäblich die Sprache: „ Ich lasse dieses Gemälde selbst auf den Betrachter wirken, denn es entzieht sich jeder Analyse, es steht höher als jede Lobpreisung."

Das große Gemälde der *Kreuzigung* nimmt die gesamte Breite der Rückwand des Herbergssaals (früher Refektorium) der *Scuola* ein. Links unten trägt es die Signatur von Tintoretto. Das Gemälde ist eher ein wahres Schauspiel als eine Heraufbeschwörung des Todes Christi. Der Dreh- und Angelpunkt dieser Inszenierung ist der gekreuzigte Christus, der vor dem Hintergrund des wolkenschweren Himmels die Gruppe der Trauernden am Fuße des Kreuzes und den Tumult der Menge beherrscht. Diese Menge ist nach sehr präzisen Leitlinien der Gemäldekomposition in mehrere Gruppen aufgegliedert. Der Fuß des Kreuzes bildet den Knoten eines Fächers, der durch die Leitern und die noch nicht errichteten Kreuze der beiden Schächer angedeutet wird. Das Licht verleiht dem Gemälde seine unvergleichliche Dynamik: Die Reitergruppen auf beiden Seiten des Gemäldes sind stärker beleuchtet als die Gruppe der in der Mitte kauernden Leidtragenden. Dadurch wird der Blick zwangsläufig aus der Ellipse herausgelenkt, die von allen Gestalten gebildet wird. Ganz eindeutig sind viele von ihnen nur zufällig dort, bei ihren gewöhnlichen Tätigkeiten überrascht. Desgleichen kontrastiert die Wiederholung der mit Silber geflammten Rosa-, Grau- und Blautöne, die die ganze Komposition durchziehen, mit dem dunklen Mantel der Frau, die sich zu Christus hinwendet, um seine letzten Seufzer entgegenzunehmen.

Die mitreißende Wirkung aufgrund der Verbindung der Lichtquellen, der Formen und der Farben soll die Betrachter des Gemäldes in das Geschehen „eintreten lassen". Sie werden in ihrer Faszination vom Werk und auch vom Geschehen zu Beteiligten an dem Drama. In diesem großartigen Aufbau ist nichts Rednerisches. Tintoretto komponiert eine wahre sinfonische Bewegung farbiger Räume, die im Bild das erzählt, was sogar die des Lesens und Schreibens Unkundigen spontan verstehen können.

„Dieses fortwährende räumliche Drama", so schreibt Élie Faure 1921, „läßt mich an einen Kinematographen und noch mehr daran denken, was es ist als was es zu sein strebt. Unentwegt und aktiv sind die Hintergründe an der Bewegung der Formen beteiligt; die Bewegung der Formen tritt unablässig in die Tragödie der Hintergründe ein … Dreihundert Jahre vor dem Kino entwirft Tintoretto, der nur über unbewegliche Mittel verfügt, sie *sichtbare* Sinfonie, die wir von ihm erwarten."

TINTORETTO
Anbetung der Hirten
Um 1576, Öl auf Leinwand,
542 x 455 cm.
Venedig, Scuola San Rocco.

In der Geschichte der Malerei ein einzigartiges Beispiel einer Darstellung der Hirtenanbetung auf zwei miteinander versöhnten Stufen: die irdische Stufe der Hirten und die göttliche Stufe der Heiligen Familie.

TINTORETTO
Die Sammlung des Manna
Öl auf Leinwand,
Venedig, Kirche S. Giorgio Maggiore.

SUSANNA: DER INS GEGENTEIL VERKEHRTE BEWEIS

TINTORETTO
Susanna und die Alten
1560, Öl auf Leinwand,
146 x 193,6 cm,
Wien, Kunsthistorisches Museum.
Ausschnitte S. 114, 130 und 131.

Es war bereits bekannt, daß Tintoretto seit *Der Hl. Markus rettet einen Sklaven* beschlossen hatte, wie keiner seiner Zeitgenossen vor ihm zu malen. Er entscheidet sich dafür, sein Talent des überbegabten Handwerkers in den Dienst seiner Leidenschaften, seiner Ängste und seiner Sinnlichkeit zu stellen. Jedes Mal entdeckt er und bietet einen Blickwinkel, der ihn von der Anekdote löst und ihn gleichzeitig von den klassischen Ansätzen abhebt. Dieser malwütige Romantiker, ehe es diesen Begriff überhaupt gab, der aller Improvisationen fähig war, dieser Liebhaber der Musik, deren Begleitung er bei seinen akrobatischen Pinselstrichen liebt, kämpft mit ungleichen Waffen gegen den Niedergang, der Venedig bedroht. Er setzt sein unruhiges Können gegen das, was er von der Zukunft vorausahnt. Der Ruhm ist im Begriff, an dieser Stadt, die er so lange beglückt hat, Verrat zu begehen.

In dieser Stimmung muß das Gemälde verstanden werden, das Tintoretto um 1555 malt: *Susanna und die beiden Alten* (Dresden). Abgesehen von einer allegorischen Deutung kann man nicht umhin, das zu bemerken, was dieses Gemälde von den zahlreichen anderen unterscheidet, die im ganzen 16. Jh. diese Bibelszene darstellen werden. Während die anderen Maler den Augenblick beschreiben, in dem die Alten plötzlich vor der verängstigten Susanna auftauchen, zeigt uns Tintoretto die heitere junge Frau, wie sie nicht ohne Mißfallen ihr Bild in dem Spiegel vor sich betrachtet. Nur mit sich selbst beschäftigt und nur auf ihre Schönheit achtend wälzt sie jegliches Vergehen, das ihr vorgeworfen werden könnte, auf die Alten ab …

Dieser ins Gegenteil verkehrte Beweis wird durch die Dynamik der räumlichen Erfindung hervorgehoben. Rechts die Schönheit des weiblichen Körpers in seinem Glanz, vom flach einfallenden Licht liebkost. Das Fleisch und die Gegenstände, die Susanna umgeben, werden in der gleichen Weise behandelt wie auch das klare Wasser des Beckens. Links und im Hintergrund verliert sich der Blick in einer doppelten Perspektive zu den geheimnisvollen Fernen eines Gartens, der von dem schattigen wildwachsenden Wald durch eine hohe, mit Karyatiden geschmückte Mauer aus Marmor getrennt ist. Ein Gemälde, für ein Drama inszeniert, dessen Auflösung allein durch den Willen des Malers für einen Augenblick aufgehoben ist.

„Tintoretto ist der wahrheitsliebendste aller Venezianer. Seine Lyrik ist bodenständig. Das glänzende Venedig lebt in ihm, das romantische und theatralische Venedig" (E. Faure). Das Porträt von der Susanna widerspricht dieser Huldigung nicht.

Stürmische Massen, die den Kreuzberg wie eine Volksfestmenschenmenge stürmt, das ist die *Kreuzigung*. In ihrer absoluten Einsamkeit glänzende Heiterkeit, das ist *Susanna*. Zwei Seiten von Tintorettos Malerei.

DIE HOCHZEIT VON KANA, VOLKSTÜMLICHE VERSION

Bevor er sich in das verrückte Unterfangen der Ausschmückung der Scuola San Rocco stürzte, hatte der Maler ein erstes originelles Zeugnis seiner Kunst der Inszenierung vorgelegt.

Für die Kirche S. Maria della Salute schafft er 1561 die Version der *Hochzeit von Kana*, die wir dann mit derjenigen vergleichen werden, die Veronese zwei Jahre später für das Refektorium der Benediktiner von San Giorgio Maggiore vollenden wird. Bei Tintoretto verleihen die vielfältigen Lichtquellen (die natürlichen, die aus den hohen Fenstern links im Gemälde stammen, die im Hintergrund, die den Hochzeitssaal in den ruhigen Himmel erweitern, und vor allem diejenigen, die wie ein unsichtbarer Projektor auftauchen, der die Personen im Vordergrund beleuchtet) dem Werk ein körperliches Leben.

Diese Anordnung der Lichtquellen läßt das kleine Volk der Gäste sofort Zugang zu den einfachen Freuden des Festes finden. Das Mysterium scheint sie nicht viel mehr zu erstaunen als die unauffällige Anwesenheit des Christus am Ende des Tisches. Alles was an anderer Stelle als unerklärliches Mysterium hätte erscheinen können, ist nunmehr vertraut geworden. Die Legende ist geradewegs in die Realität eingetreten, die sie vielleicht erträglicher macht. Diese Realität hat nichts von der demütigen Ruhe verloren, die ihren Zauber ausmacht. Der wiedergefundene Frieden, selbst wenn er vorübergehend ist, hat sich so ins Geheimnisvollste des Augenblicks geflüchtet, daß er diesen Augenblick wunderbar macht.

TINTORETTO
Die Hochzeit von Kana
1561, Öl auf Leinwand,
Venedig, Kirche S. Maria della Salute
Ausschnitte S. 132 und 133.

VON PALLADIO ZUR KIRCHE DELLA SALUTE

Ab den ersten Jahren des 16. Jh. beginnt Venedig, sich auf der Lagune beengt zu fühlen. Während die Welt unter dem Einfluß der aufeinanderfolgenden Entdeckungen, die ihr die Ferne nahebringen, kleiner wird, entdeckt Venedig das Hinterland, von dem es sich seit seinen Ursprüngen zugunsten der orientalischen Pracht abgewandt hatte. Ein wenig so, als ob es sich bewußt war, in sich selbst, an sich selbst und für sich selbst die wichtigsten Arbeiten vollendet zu haben, die für die Sicherung seines Ruhms für die Ewigkeit ausreichen sollten. Es kann nunmehr zur Eroberung seines umliegenden Gebietes ausziehen.

Dem besessenen Wunsch Tintorettos, der dem Volk die Kultur zugänglicher machen und, bevor es zu spät ist, die Wände und Decken der venezianischen Gebäude mit einer letzten Schöpfung bedecken will, steht die Tendenz entgegen, die die Patrizier veranlaßt, ihren Fuß an Land zu setzen. Dies tun sie jedoch nur, indem sie darauf achten, das Bild, das sie der Nachwelt hinterlassen, zu vervollkommnen.

Denken wir daran, daß Sansovino, der sich nach der Plünderung Roms nach Venedig geflüchtet hatte, die Aufsicht über die Verschönerungs- und Bauarbeiten der Stadt übertragen wurde. Wir beschrieben bereits seine schöpferische Arbeit um den Markusplatz. Doch sein Eingreifen erstreckt sich weiter auf die Kirche San Francisco della Vigna, auf die Zecca (Münzprägestätte), auf den Palazzo Dolfin sowie auf die Ausrichtung der industriellen Werkstätten, der *fabriche nuove* am Rande des Canale Grande.

Linke Seite und folgende Seite

PALLADIO
Der Kreuzgang der Kirche S. Giorgio Maggiore, Venedig.

Sansovinos Werk, eine Architektur an der Nahtstelle zwischen Gotik und Renaissance, öffnet den Weg für neue Projekte und weitere prächtige Neuerungen. Diese Arbeit wird zunächst Andrea Palladio im 16. Jh. und dann Baldassare Longhena im 17. Jh. unternehmen.

DER ARCHITEKT DES VENEDIGS AUF DEM FESTLAND

Drei Jahrhunderte lang befanden sich die fruchtbaren landwirtschaftlichen Gebiete Venedigs auf den Inseln, die entlang der Seeroute nach Konstantinopel liegen und die Fahrten nach Syrien und Ägypten lenken: Korfu, Herakleion, Nauplion und Euböa. Als Venedig seine Kolonien verliert, sucht es näher bei sich Gebiete, die es erschließt. Es „besetzt" Venetien und läßt sich dort nieder. Dies geschieht unter völliger Beachtung der Grundsätze, auf denen seine Macht beruht: die *Rentabilität* (auf den Methoden der rationellen Verwaltung der Möglichkeiten beruhend) und die *Ästhetik* (nur ein Bild der Schönheit kann Macht beleben).

Da es in den Wechselfällen der Geschichte keinen Zufall geben kann, geschieht es in demselben Jahr 1508 – unter dem Druck der europäischen Heere, der übrigens mit dem Verlust der Vorherrschaft über die Meere an Portugal zusammenfällt –, daß Venedig sich auf sein Gebiet zurückzieht und Andrea Palladio in Padua geboren wird.

Andrea di Pietro, der Sohn eines Müllers in der Stadt, wird alle Grenzen der besonderen Formen der künstlerischen Welt sprengen. Sein Einfluß wird sich weit über Venedig und Venetien hinaus auf ganz Europa erstrecken. Ihm gelingt diese intime Vereinigung zwischen der antiken Architektur und derjenigen der Renaissance, womit er den Barock einleitet. Er war das erste – und laut Goethe das einzige – Genie, das die Antike an die Methoden seiner Zeit anzupassen wußte. Die Antike zeigt sich weniger als Modell denn als Schlüssel zu einer harmonischen Sprache, die ein genaues Gleichgewicht zwischen der Kultur und dem Geschmack schafft, das heißt, eine Kreuzung aus dem, was die Geschichte lehren kann, und der Inspiration, die aus der Empfindsamkeit des Augenblicks entsteht. Mehr noch: Palladio gelingt die höchste Übereinstimmung zwischen der inneren Harmonie der Gebäude, die er errichtet, und der Umgebung, in die sie sich einfügen, nämlich die Natur, die Umwelt, aber auch das Licht und die Luft.

Mit 13 Jahren kommt er als Lehrling in die Werkstatt des Steinmetzes Cavazza da Sossano in Padua. 1524 wird er Mitglied der Zunft der Maurer und Steinmetze in Vicenza und wird von der berühmten Werkstatt von Giovanni di Giacomo da Porlezza in Pedemuro eingestellt. Dort arbeitet er über 10 Jahre lang und vertieft sorgfältig seine Kenntnis über die Materialien und seinen Sinn für die Vervollkommnung der Details. 1538 begegnet er dem Grafen Trissino, einem in Vicenza geschätzten humanistischen Schriftsteller, der sein Mäzen wird, ihn in die Kreise der Würdenträger

der Stadt einführt und ihm ermöglicht, weitergehende Studien der römischen und der zeitgenössischen Architektur zu betreiben. Zwischen 1541 und 1546 geben ihm mehrere Reisen nach Rom die Gelegenheit, sich fortzubilden. 1545 soll sein Mäzen dem Architekten diesen Namen „Palladio" – nach Pallas Athene, der Schutzherrin der Künste – gegeben haben, unter dem er bald bekannt wird.

Ab 1550 führt Palladio seine ersten Aufträge für die reichen Stadtbürger von Vicenza, aber auch für die Aristokraten von Venedig aus. 1555 erreicht er Venedig: Er wird gerufen, um den Kreuzgang von Santa Maria della Carità auszuführen. Der Architekt hat den Ehrgeiz, im Kloster der Carità ein römisches Haus der Antike in gewaltigem Maßstab nachzubauen. Der Entwurf des Kreuzgangs, dessen übriggebliebener Teil heute in der *Galleria delle Belle Arti* erhalten ist, ist ein Zeugnis der „klassischen Phase" seiner Arbeiten.

1558 wird er mit dem Wiederaufbau von San Pietro di Castello beauftragt. Er macht den Entwurf, den seine Schüler, Smeraldi und Grapiglia, getreu ausführen.

Wenig später, 1559, errichtet er an den Ufern der Brenta eine seiner schönsten Villen, die *Villa Foscari*, die besser unter dem Namen der kleinen Stadt Malcontenta bekannt ist, zu der sie gehört. Es handelt sich um eine tempelartige Villa an den Pforten Venedigs, deren Architektur sich also streng nach einem griechischen Tempel richtet. Um die Hauptfassade zum Ufer hin auszurichten, bricht Palladio mit der Tradition und wendet sie nach Norden. Der große Salon wird somit durch die hellste Seite, die in eine Lichtwand umgewandelt wird, erleuchtet. Die Formen der *Malcontenta* gliedern sich systematisch aneinander oder durchdringen sich ohne Übergang in dem Streben nach harmonischer Ausgewogenheit und graphischer Leichtheit. Das der Architektur der antiken Tempel entlehnte Motiv (Säulenvorhalle mit einem Frontgiebel) fügt sich so mit äußerster Anmut in seine Umgebung ein.

SAN GIORGIO MAGGIORE UND IL REDENTORE: EIN NEUES BILD VON VENEDIG

Dann folgt auf der Insel San Giorgio gegenüber vom Dogenpalast die Grundsteinlegung der Kirche San Giorgio Maggiore. Dieses Meisterwerk Palladios leistet einen beträchtlichen Beitrag zum Bild Venedigs. Die Kirche und das Kloster sind ein Gegenpol zu den Gebäuden des Markusplatzes. Die zweigeteilte Fassade, bei der sich die Giebeldächer überschneiden, ist das gelungenste Beispiel der harmonischen Verschmelzung der Formen des klassischen Tempels. Im Innern hat der Architekt den Grundriß der römischen Basilika in Form eines lateinischen Kreuzes gewählt. Dadurch führt die Entsprechung zwischen Äußerem und Innerem zu einer höheren Oktave der Architektur.

PALLADIO
Die Fassade der Kirche S. Giorgio Maggiore, Venedig.

Linke Seite

PALLADIO
Villa La Malcontenta an der Brenta
Die Fresken von Zelotti und Franco wurden nach Entwürfen des Architekten angefertigt.

PALLADIO
Innenansicht der Kirche S. Giorgio Maggiore, Venedig.
(Details)

Die Kirche San Giorgio Maggiore ist so entworfen, daß man vom Kanal aus, in dem sie sich spiegelt, die Übereinstimmung zwischen den weißen gehauenen Quadersteinen, den roten Ziegeln und den Dächern bewundert. Im 18. Jh. wird der Campanile hinzugefügt (eine Ehrung dessen des Markusplatzes), der die Piazetta mit dem architektonischen Komplex der Insel San Giorgio verbinden soll.

Der äußeren Harmonie des Gebäudes entspricht innen eine Klarheit, die im wesentlichen an dem Licht liegt, in das die Kirche getaucht ist: Es dringt durch die breiten Öffnungen, die von den römischen Thermen inspiriert sind, und bedeckt wie ein Film die strahlendweißen Mauern, wo sich die Steine aus Istrien mit dem Stuck vermählen. Palladio gelingt erneut dieses Bauwunder, wo jedes Teil des Ganzen jenes andere hervorhebt, das es betrachtet und von dem es gesehen wird. Diese Art, das, was an anderer Stelle nur Zierde ist, in einen wahren Dekor zu verwandeln, hat keinen geringen Beitrag zur Verschönerung Venedigs durch das Bild geleistet, das es von sich zu geben vermochte.

Gegen Ende seines Lebens bietet sich Palladio die Gelegenheit zu einer Zusammenfassung seiner gesamten Philosophie der Architektur. Am 4. September 1576 beschließt der Senat, dem Erlöser eine Votivkirche zu schenken, um die Stadt von der erneut wütenden Pestepidemie zu befreien. Diese schreckliche Epidemie von 1575–76 rafft nämlich 50 000 der 175 000 Einwohner dahin. Tizian erlebt den Tod seiner Gefährtin, dann seiner Tochter, bevor er selbst ein Opfer der Pest wird. Man verbrennt Weihrauch in den Straßen. Man geht mit einer Maske in Form eines Vogelkopfes aus, dessen langer Schnabel mit duftenden Stoffen gefüllt ist. Das Geld wird mit Essig besprengt. Die Häuser werden desinfiziert. Dies nützt nichts. In diesen schrecklichen Jahren leidet Venedig. Hinzu kommen die beiden Brände, die 1571 und dann 1577 den Dogenpalast verwüsten: Werke von Bellini, Carpaccio, Veronese und Tizian fallen den Flammen zum Opfer. Der Sieg, den Venedig (im Bündnis mit dem Papst und Spanien) dank der Geschicklichkeit des Admirals Sebastiano

Venier über die Türken in Lepanto erringt, reicht nicht aus, um den Venezianern wieder Vertrauen und Mut zu geben.

DIE SCHLACHT VON LEPANTO: EIN TRÜGERISCHER SIEG

TINTORETTO
Die Schlacht von Lepanto
mit einer Großdarstellung des Dogen Sebastiano Venier
Um 1575, Öl auf Leinwand,
140,5 x 83,5 cm,
Wien, Kunsthistorisches Museum.

Rechte Seite

Eine Sitzung des Großen Rates unter dem Vorsitz des Dogen Sebastiano Venier, bei der der Sieg über die Türken bei Lepanto gefeiert wird.
Manuskript Ende des 16. Jh.,
Paris, Bibliothèque Nationale.

Die Schlacht, die die Türken den christlichen Kämpfern der Heiligen Liga liefern, ist eine der größten Schlachten, die jemals im Mittelmeerraum geschlagen wurden. Gegen die 230 türkischen Galeeren bietet die Allianz 214 Schiffe auf (von denen über die Hälfte in der großen Werft des Arsenals in Venedig gebaut wurden), die eine größere Feuerkraft besitzen. Am 7. Oktober 1571 werden die osmanischen Truppen am Ausgang des Hafens von Lepanto im Südwesten der griechischen Küste geschlagen. Doch wenn Venedig auch begünstigt durch diesen Sieg, den es mit Prunk feiert, die ionischen Inseln Zakynthos, Korfu und Dalmatien rettet, kann es den Verlust Zyperns nicht verhindern, das in der Hand der Feinde bleibt. Mit dem Fall Zyperns hat Venedig das Gefühl, daß ihm das Meer untreu wird. Die Tatsache, so betrogen zu werden, bedeutet für die Stadt möglicherweise den Beginn ihres Niedergangs.

Es muß also alles getan werden, damit die Stunde des Schicksals hinausgezögert wird. Künstler wie Tintoretto oder Veronese versuchen, den Venezianern durch Hervorheben der Glanzleistung der Flotte das Selbstvertrauen zurückzugeben, das immer ihre Stärke war. Leider reichen diese Beschwörungen nicht aus, den Lauf der Geschichte zu ändern: Venedig ist zutiefst in seiner Lebenskraft getroffen. Der Sieg von Lepanto ist ein trügerischer Sieg. Angesichts des Unglücks bleibt vielleicht zumindest die Frömmigkeit.

Und wenn nun die Pest die göttliche Strafe für eine zu emanzipierte, zu freigeistige und zu ausschließlich um den Schein besorgte Stadt wäre? Ist es nicht Zeit, diesen göttlichen Zorn zu besänftigen? Sollte nicht dringend eine demütigere Haltung an den Tag gelegt und in die Gottergebenheit investiert werden? Diese Überlegungen veranlassen die venezianischen Stadtväter, sich noch einmal der religiösen Architektur zuzuwenden.

Am 3. Mai 1577 wird auf der Insel Giudecca der Grundstein für die Kirche SS. Redentore gelegt. Palladio, der als Städtebauer wie auch als Architekt sein Vorhaben der ästhetischen Gestaltung weiterführt, gliedert die Kirche in den Einklang ein, der über die Gewässer und das Festland hinweg die Formen und die Farben der Piazetta, von San Giorgio und der SS. Redentore, die nun hinzukommt, miteinander vereint. Zur gleichen Zeit, zu der er in der tempelartigen Kirche die dreifache Funktion ihres Baus ordnet (Votivkirche, Chorraum der Mönche für die Liturgie und Kirchenschiff für den Prozessionsweg), bereichert er das Bild Venedigs um dieses vollendetste und malerischste Werk. Die letzte Glanzleistung ist die Kirche der Zitelle, für die Palladio die Pläne 1580, einige Monate vor seinem

M.D.LXXI.VI.KAL.MART.
ANNO.MAGNÆ.NAVALIS.
VICTORIÆ.DEI.GRA.
CONTRA.TVRCAS.
QVOD.COMISISTI.P.PERFECI.
QVOD.RESTAT.AGENDVM.PARI.FIDE.
COMPLECTAR.

Johann Zeckel
Skulptur zur Erinnerung an den Sieg bei Lepanto
1708, Ingolstadt, Maria-Viktoria-Kirche.

Auf dem Ausschnitt (links) sind das Medaillon von Papst Pius V. und darunter, auf der Galerie des Hecks, sein Wappen zu sehen.

Tizian
Hl. Markus und Hl. Sebastian
Öl auf Holz

Dieses Gemälde befindet sich in der Kirche S. Maria della Salute (links).

Tod, liefert. Diese Pläne sowie diejenigen zur Fertigstellung der Arbeiten an der Kirche Il Redentore werden genauestens befolgt. Sie werden übrigens teilweise unter der Aufsicht von Antonio Da Ponte, dem Wiedererbauer der Rialto-Brücke, zwischen 1588 und 1591 ausgeführt.

Warum sollte man hier nicht auf ein weiteres Augenzwinkern der Geschichte hinweisen? 1557 wurde ein langer Wettbewerb zwischen den größten Architekten des Jahrhunderts, Michelangelo, Sansovino und Palladio, veranstaltet, um die hölzerne Rialto-Brücke durch eine Steinbrücke zu ersetzen. Der Mangel an Geld, aber auch die heftigen Streitigkeiten aufgrund der Verschiedenartigkeit der Entwürfe haben die Entscheidung für den Neubau um 30 Jahre verzögert. Sollte eine Brücke mit 3 Bögen, mit 5 Bögen oder trotz den Risiken mit einem einzigen Bogen geschaffen werden? Heute weiß man, daß diese letzte Möglichkeit gewählt wurde. Der Architekt, der für den Bau ausgesucht wurde, trug einen dafür prädestinierten Namen: Da Ponte!

Am Canale Grande und an seinen Ufern entstehen allmählich alle Bauwerke und Meisterwerke, die den Malern der kommenden Jahrhunderte das Modell ihrer Inspiration bieten werden.

DIE KIRCHE S. MARIA DELLA SALUTE: DER BAROCKE KONTRAST

Diesem Modell fehlt noch ein wesentlicher Teil. Er kommt 50 Jahre später hinzu. Das Werk von Baldassare Longhena bringt die barocke Glanzleistung, ohne die Venedig letztendlich nicht Venedig wäre: die Kirche S. Maria della Salute.

Longhena wird Ende des illustren 16. Jh. 1597 geboren. Die Kirche della Salute wird sein Meisterwerk. Nach ihrer Vollendung 1654 schließt sie in Weiterführung der Intuition Palladios die ideale Kreisform zwischen San Marco, San Giorgio und Il Redentore. In dieser Kirche gelingt Longhena eine originelle Vereinigung: innen strenge Nüchternheit und außen Üppigkeit. Sein gesamter Entwurf ist eigentlich revolutionär. Zu der palladianischen Fassade (Wandsäulen auf großen Sockeln am Ende einer monumentalen Treppe) fügt Longhena sieben weitere Facetten hinzu. Innen schließen sich sechs Kapellen an den Mittelraum mit seiner sehr hohen Kuppel an. Außen dienen große Voluten (die berühmten „großen Ohren") als Strebepfeiler der Kuppel, und eine Fülle von Statuen krönt die Giebeldächer jeder Fassade der Kirche.

In der gleichen Zeit, in der er die Kirche della Salute ausführt, wird Longhena von den großen venezianischen Familien gerufen, die ihm die Renovierung ihrer Patrizierhäuser übertragen wollen. So macht er 1647 durch seine Arbeiten am Palazzo Santa Croce (Palazzo Belloni Battagia) auf sich aufmerksam, einem der schönsten Paläste des 17. Jh. mit geschickt ausgewogener Fassade, und dann durch die Arbeit am prächtigen Palazzo Pesaro. Die *Ca'Pesaro* ist ein Zeugnis ohnegleichen des venezianischen Barocks: Die Eleganz der Strukturen wird hier durch die Üppigkeit der Bossen, der Köpfe von Ungeheuern und der Geister hervorgehoben, die ihre schmückende Syntax ausmachen.

Weder in Rom noch in Florenz findet man ein Gegenstück zu dieser Architektur, die aus Venedig eine unvergleichliche Stadt macht ...

Baldassare Longhena
Innenansicht der Kirche S. Maria della Salute

Oben, linke Seite und vorhergehende Seiten

PALLADIO
Kirche SS. Redentore
Portal und Innenansichten der Kirche
SS. Redentore

VERONESES HOCHZEIT VON KANA

Als Andrea Palladio auf der Insel San Giorgio gegenüber vom Markusplatz die Kirche San Giorgio Maggiore erbaut, entwirft er ihren Innenraum wie denjenigen einer Villa. San Giorgio Maggiore, die zum Einfangen des Lichts gebaut wurde, das die Spannung der Rippen, der Kranzgesimse, der Kapitelle und der Fenster hervorhebt, ist auch dafür ausgelegt, mehr Farbe zu erhalten. Wie er es auch einige Jahre zuvor in den für die venezianischen Adligen und Würdenträger auf dem Lande erbauten Villen tat, zieht Palladio erneut seinen Freund Veronese heran. Der Auftrag zum Bau der Kirche wird Palladio erst später erteilt. Zunächst wird von ihm verlangt, das Refektorium der Mönche zu renovieren. Er denkt an Veronese, um dem Raum Farbe zu geben. Die beiden Künstler vereint dieselbe grenzenlose Liebe zu einer architektonischen Schönheit, die sich in sich selbst wie die Bewegungen einer konzertanten Sinfonie von reinen Formen, äußerster Sanftheit der Farben und flimmerndem Licht widerspiegelt.

Sie stimmen in Palladios Definition von Schönheit überein: „Die Schönheit ergibt sich aus der Form und der Übereinstimmung des Ganzen mit den Teilen, der Teile untereinander und der Teile mit dem Ganzen, so daß das Gebäude wie ein vollendeter ganzer Körper ist, bei dem alle Glieder für das Angestrebte erforderlich sind“ (*I Quattro Libri dell'Architettura*). Den eleganten Strukturen des Architekten fügt der Maler in seinem Werk an der Wand des Refektoriums der Mönche eine lebendige Signatur dekorativen Frohlockens hinzu.

VERONESE
Die Hochzeit von Kana
(Ausschnitt)

ANTONELLO DA MESSINA
Il Condottiere
1475, Öl auf Leinwand, 36,2 x 30 cm,
Paris, Musée du Louvre.

Rechte Seite

ANDREA DEL VERROCCHIO
Statue des Condottiere Bartolomeo Colleoni
Venedig, Campo SS. Giovanni e Paolo.

Dieses Meisterwerk von Verrocchio, die berühmteste Reiterskulptur der Renaissance, wurde 1479 vollendet und aufgestellt.

Gestalten der christlichen Mythologie und vertraute Porträts von Zeitgenossen bestehen friedlich in einer künstlerischen Schöpfung nebeneinander, die eben gerade die Versöhnung der Menschen mit ihrer Vergangenheit beabsichtigt. Dies ist eine neue Variante eines Humanismus, der einen weit verbreiteten Begriff in Bilder umsetzt: den Begriff der allumfassenden Toleranz. Die Wirkung des Trompe-l'oeil, die Veronese ohne Zögern anstrebt, verstärkt noch dieses Gefühl der regelrechten Abstraktion der Formen, die sein Werk beherrscht.

Paolo Caliari, der Maler des vollkommenen Glücks, wird 1528 in Verona (daher sein Name) geboren. Seiner Geschicklichkeit, in seinen Gemälden wie auch an den Mauern der Patrizierhäuser oder den Wänden des Dogenpalastes eine Hymne an die Lebensfreude des Mitte des Jahrhunderts strahlenden Venedigs zu singen, verdankt er es, daß er rasch einen bedeutenden Rang einnimmt. Früher als andere begreift er, daß Venedig dabei ist, seinen eigenen Mythos zu schaffen. Mit Veronese hat Venedig die Möglichkeit, auszudrücken, daß man keinen Unterschied zwischen der Antike, die sein Vorbild ist, der herrlichen Bestätigung seines Erfolgs und der offenbaren Heiterkeit seiner gezeigten Pracht suchen sollte. Venedig hat alles getan, um in die Geschichte einzugehen und dort trotz seiner Herkunft an der Seite der herrlichen Städte mit gleichem Rang zu bestehen.

Es ist darüber hinaus richtig, daß die gesamte Entwicklungsgeschichte Venedigs zeigt, daß die Stadt niemals das nachgeahmt, kopiert oder imitiert hat, was sie an anderen Orten entdecken konnte. Aus den wechselseitigen Einflüssen wußte es das herauszuziehen, was am besten seinem Ruhm zuträglich sein könnte. Somit hat es sich die Beiträge von Byzanz, Ägypten, Griechenland, aber auch von Rom und Florenz durch eine Art geheimnisvoller Fähigkeit selektiver Magnetisierung wieder angeeignet. Auf diejenigen, die sich entscheiden, in Venedig zu arbeiten, übt die Stadt einen Einfluß aus, der ihr Talent anstachelt. Dies galt beispielsweise für Verrocchio, der dort Ende des 15. Jh. die beeindruckende Statue des *Colleone*, sein Meisterwerk, errichtete. Dies gilt auch für Antonello da Messina, der dort zur gleichen Zeit das Porträt des *Condottiere* malt. Zu jeder Zeit inspiriert Venedig die, die es lieben.

Die elegante Art zu triumphieren, die Venedig in den klarsten und vergänglichsten Augenblicken seiner Geschichte eigen ist, wird von Veronese besser als von jedem anderen Maler gezeigt. In Venedig also, dessen Triumph er unentwegt pries, muß man die Werke von Veronese sehen ... Dennoch befindet sich seit 1798 seine vollendetste Schöpfung, die *Hochzeit von Kana*, in Paris.

DIE FREIHEIT DER DICHTER UND DER NARREN

„Wir anderen Maler nehmen uns die Freiheit der Dichter und der Narren", hatte Veronese protestiert, als man ihn vor das Gericht des Heiligen Offiziums unter dem Vorsitz eines der strengsten Vertreter der Inquisition gerufen hatte, damit er sich über seine zu persönliche Interpretation des „letzten Mahles des Herrn" äußere (*Das Abendmahl*, das im Kloster SS. Giovanni e Paolo das von Tizian gemalte Abendmahl ersetzen sollte, das einem Brand zum Opfer gefallen war).

In dieser heftigen Reaktion des Malers konnte man entweder Empfindlichkeit oder Ironie sehen. Ich würde meinerseits darin vor allem Ehrlichkeit sehen: Eine laut ausgesprochene Überzeugung, daß das Heilige weniger in der Achtung der Konventionen als in der Wahrheit der Gefühle zu suchen ist, ist eine Äußerung, die, wie mir scheint, Beachtung verdient. Das Gefühl nämlich zieht sich durch die Sprünge der Mythologie, das Zaudern der Geschichte und die Ungewißheiten der Gegenwart. Das Gefühl läßt es demnach zu, daß ein Werk nicht nur für den Maler, der es schuf, vor allem „ein Vorwand für Farbe" ist, wie es Veronese proklamiert. Vorwand für Farbe, denn dies ist zu genau diesem Zeitpunkt das wahre Gefühl des Künstlers.

So muß man *Die Hochzeit von Kana* lieben. Denn mehr noch als eine Darstellung aus der Heiligen Schrift ist es eine Hymne an das Fest. Eigentlich handelt es sich um die Feier einer Hochzeit in einem venezianischen Palast. Und mit welchen Gästen!

Im Vordergrund gibt der Künstler selbst mit seinen berühmten Kollegen ein *Concertino*: Tizian, in Rot, gibt den Ton mit einem Kontrabaß an. Tintoretto spielt Geige, Bassano bläst in ein Horn und Veronese, in Weiß, spielt auf einer Viola da gamba. Durch die Huldigung an die Musik (die sie nicht nur alle liebten, sondern auch hervorragend spielten), ehren die Maler ihre Gastgeber, indem sie die Feier, an der sie teilnehmen, beleben. Sie geben ihr so eine ebenso weltliche wie religiöse Bedeutung. Sie heben das Schöne auf gleiche Stufe mit dem Guten.

Wir vergessen nicht, daß die Hochzeit Thema des Gemäldes ist, das aus dem Neuen Testament stammt und seit dem Mittelalter häufig zur Verzierung des Raums verwendet wurde, in dem die Mönche ihre Mahlzeiten einnehmen. Der Evangelist Johannes erzählt dieses erste Wunder Christi so:

„Und am dritten Tage war eine Hochzeit zu Kana in Galiläa, und die Mutter Jesu war da. Jesus aber und seine Jünger wurden auch auf die Hochzeit geladen.

Und da es an Wein gebrach, spricht die Mutter Jesu zu ihm: „Sie haben keinen Wein." Jesus spricht zu ihr: „Weib, was geht's dich an, was ich tue? Meine Stunde ist noch nicht gekommen."

Seine Mutter spricht zu den Dienern: „Was er euch sagt, das tut." Es waren aber sechs steinerne Wasserkrüge da, gesetzt nach der

Linke Seite, vorhergehende Seiten und folgende Seiten

VERONESE
Die Hochzeit von Kana
(Ausschnitte)

Sitte der jüdischen Reinigung, und es gingen in jeden zwei oder drei Maß.

Jesus spricht zu ihnen: „Füllet die Wasserkrüge mit Wasser!“ Und sie füllten sie bis obenan. Und er spricht zu ihnen: „Schöpfet nun und bringet's dem Speisemeister.“ Und sie brachten's.

Als aber der Speisemeister den Wein kostete, der Wasser gewesen war, wußte er nicht, woher er kam. Die Diener aber wußten's. Der Speisemeister ruft den Bräutigam und spricht zu ihm: „Jedermann gibt zuerst den guten Wein und, wenn sie trunken geworden sind, den geringeren; du hast den guten Wein bisher behalten.“

Dies ist das erste Zeichen, das Jesus tat, geschehen zu Kana in Galiläa.“

Vergessen wir auch nicht, daß Veronese der Auftrag für das Gemälde von den Benediktinermönchen erteilt wurde, nachdem sie den Entwurf Palladios zur Errichtung ihres neuen Refektoriums gewählt hatten. Das, was sie vom Talent des „Dekorateurs“ der Villa Barbaro sehen konnten, die Palladio in Masèr auf der *terra ferma* erbaut hatte, hatte ausgereicht, sie zu begeistern. Zum Empfang ihrer Gäste aus ganz Europa verachteten sie auch nicht das, was sie blenden könnte.

1562 sind die Umbauarbeiten des Refektoriums vollendet. Man stellt fest, daß sich dieser große Saal nunmehr, denn so strebte es Palladio an, wie ein wahrer Schaukasten darstellt, der für die Betrachtung eines einzigen, in Licht getauchten Gemäldes entworfen wurde. Alles ist dafür bereit, daß das Werk von Veronese überlegen den Platz einnimmt, der ihm so wohl vorbereitet wurde. Man kann kaum daran zweifeln, daß sich die beiden Künstler lange vor der endgültigen Unterzeichnung des Vertrages über die Gesamtausführung des Vorhabens geeinigt hatten. Was ihnen so glänzend in Masèr zum Ruhme der Familie Barbaro gelungen war, warum sollten sie es nicht ebenso großartig in San Giorgio schaffen? Dieses Mal zum Ruhme der Benediktiner, die dort hochangesehen waren. Aber auch zum Ruhme Venedigs.

DIE BEEINDRUCKENDE SYMMETRIE

Als Veronese im Raum selbst das riesige Gemälde beginnt, das er im darauffolgenden Jahr vollendet, ist das Thema gerade von Tintoretto in Angriff genommen worden (siehe Kapitel „*Ein Kind Venedigs*“). 1561 hatte er für ein anderes Refektorium, das der Padri Crociferi, diese Komposition ausgeführt, die man heute in S. Maria della Salute sehen kann.

Veronese beschließt, das genaue Gegenteil von der ursprünglichen Entscheidung Tintorettos zu tun. Dort, wo Tintoretto eine Asymmetrie schafft, die eine wahre Dynamik des leeren Raums einführt, begründet Veronese seine Komposition auf eine ins Auge springende Symmetrie. Der unbewegliche Christus ist der Mittelpunkt, um den sich die Personen in drei nebeneinanderliegenden Kreisen gruppieren. Die senkrechte

Achse durch den Körper von Jesus teilt die untere Hälfte des Gemäldes in zwei symbolisch gleichwertige Teile: die Fürsten links und die Jünger und Kleriker rechts auf dem Gemälde. Das Volk der Gäste und der Diener ist auf dem gesamten Gemälde verstreut: Gottes Wort für jeden unabhängig von seiner Rolle und seinem Rang. Auf der waagerechten Achse trennt die Balustrade den oberen, vom Blau des Himmels beherrschten Teil von der unteren, irdischen und mineralischen (der rosa Marmor aus Verona) Hälfte ab, wo sich die Hauptfiguren der Szene befinden.

Denn – zweifeln wir nicht mehr daran – wir befinden uns im Theater: Vom ersten Wunder Christi wird uns eine *Vorstellung* gegeben. Und diese Vorstellung findet nicht wie bei Tintoretto in einer Herberge des Volkes, sondern in einem prächtigen Palast statt. Wir sind in Venedig die Betrachter der architektonischen Schöpfungen von Sansovino und Palladio … und auch wir sind zum Hochzeitsmahl geladen.

Wir sehen in diesem großartigen Schauspiel drei wichtige Themen: das Mahl, Motiv und Vorwand des Gemäldes, die Architektur, die seine Zierde ist, und die Musik, die seine Großartigkeit auf subtile Weise hervorhebt.

DAS MAHL: EIN BANKETT

Als Veronese sich über die Ausführung seines Entwurfes entscheidet, sucht er seine Inspiration nicht nur in der Lehre des Neuen Testaments. Er ist von den Kommentaren geprägt, die sein Freund Aretino kurz zuvor gemacht hatte. Abgesehen von seinem Talent als Chronist der politischen und künstlerischen Aktualität ist Aretino nämlich der Verfasser eines 1539 veröffentlichten Werks, „*I Quattro Libri de la Humanità di Christo*“, in dem er die Episode des Wunders zu Kana in eine prächtige Umgebung verlegt und sich damit einige Freiheiten mit der Bibel herausnimmt. Er beschreibt ein königliches Gelage und verweilt bei den prächtigen Gewändern der Vermählten. Wir befinden uns am Hof; es ist somit normal, daß man dort neben den höchsten weltlichen und religiösen Würdenträgern versierte Musiker antrifft. Es ist ebenso normal, daß man allen Prunk eines außergewöhnlichen Mahls genießt: Goldgemäße, Platten aus ziseliertem Silber, geschnitzte Sessel. Und natürlich, daß man dabei die köstlichsten Speisen schlemmt. Hebt Aretino die Üppigkeit der Zeremonie hervor, um durch Kontrast besser die Demut Christi zu unterstreichen? Wird dieses Hochzeitsmahl zu einem so raffinierten Bankett, um die moralisierende Anwesenheit Christi besser zu rechtfertigen? Das ist möglich. Dies darf uns jedoch nicht davon abhalten, die Wichtigkeit zu ermessen, die die Venezianer den Gaumenfreuden bei Tisch gaben.

„Auf den Tischen mit fein gearbeiteten Tüchern glänzten Silber- und Goldleuchter an der Seite von emaillierten Pokalen, silbernen Brunnen und Tafelaufsätzen mit Leckereien oder Duftpflanzen. Auf den

VERONESE
Die Hochzeit von Kana
Öl auf Leinwand, 677 x 994 cm.

Dieses 1562–1563 für das Refektorium der Benediktiner von S. Giorgio Maggiore in Venedig ausgeführte Gemälde kam 1798 in das Museum des Louvre.

Geschirrborden um den Raum herum waren seltene Majoliken, kostbares Geschirr und Gläser mit köstlich komplizierten Formen aufgestellt. Die Servietten waren in Form eines Turbans oder einer Mitra, einer Krone oder einer Pyramide gefaltet. Im Raum verbreitete Duftstoffe und Blumen am Platz jedes Gastes gaben diesem gesamten Luxus eine harmonische Anmut. Das Menu vor allem war wunderbar. Austern und Trüffel, Salate und Würste, Schinken und Gepökeltes als Vorspeise, Suppen auf zwanzig verschiedene Arten, Stör aus Ferrara, Neunauge aus Binasco, Wurst aus Modena, Kutteln aus Treviso, Drosseln aus Perugia, Wachteln aus der Lombardei, Gänse aus der Romagna, Teigwaren aus Genua, Gebäck und Früchte aller Arten folgten in einem unendlichen Defilee und waren manchmal fremdartig gewürzt. Ganz zu schweigen von den Gewürzen, mit denen man nicht sparte, man gab Zucker an die Braten und die Fische und manchmal Duftwasser in die Saucen. Die verschiedensten Weine vervollständigten diesen gastronomischen Luxus, Muskat aus Herakleion und Malvasier aus Zypern, Weine aus Ungarn, von der Mosel und vom Rhein."[1]

Was Veronese zeigt – und hierin folgt er der Heiligen Schrift – ist der Augenblick bei der Mahlzeit, in dem der Wein fehlt. Wie wir auf dem Tisch sehen, befinden wir uns beim Dessert. Und das Wunder geschieht, das der Maler durch die bildliche Darstellung des Textes von Aretino hervorhebt: „Er sagt: „Schöpfet nun und bringet's dem Speisemeister." Die Diener schöpften Wein und brachten ihn zum Mundschenk, in dessen Nase, als sie sich diesem Wein näherte, der aus himmlischen Reben stammte, sich die Geister entfalteten. (...) Und beim Probieren spürte er die beißende Süße bis zu den Zehen. Und als man einen Kristallpokal damit füllte, hätte man geschworen, daß er mit destilliertem Rubin gefüllt sei."

Dieser destillierte Rubin, den man bis in die Zehen spürt, wird von Aretino beschrieben. Veronese malt ihn auf delikate Weise.

DIE INSPIRIERENDE ARCHITEKTUR

Auf beiden Seiten des Gemäldes rahmt in der oberen Hälfte über der Balustrade ein Komplex symmetrischer Säulen die Szene ein. Dies verstärkt ihre Bühnenwirkung. Wir befinden uns im Fürstenpalast, und sogleich bringt uns der Maler durch eine magische trügerische Wirkung dazu, daraus herauszutreten, da sich die Architektur im Innern in der äußeren Architektur fortsetzt. Wir begegnen hier erneut einer der Neuerungen, die Sansovino und Palladio in ihren Werken eingeführt hatten: Zwischen drinnen und draußen gibt es durch eine wunderbare Eingebung der Vorstellungskraft keine Grenzen. Dem Wunder der Wandlung von Wasser in Wein wird der Zauber dieses höheren Traumes zur Seite gestellt, wo die Unter-

1. C. Diehl, *op. cit.*

scheidung zwischen dem Hier (der Wirklichkeit) und dem Anderswo (der Träumerei) aufgehoben wird. Wirklichkeit und Träumerei fließen ineinander, durch die Kunst in einer höheren Harmonie versöhnt.

Was Veronese in Sansovinos Werk begeistert zu haben scheint, ist vor allem in der Loggetta die gelungene Verbindung verschiedener farbiger Materialien mit den bildhauerischen Elementen wie Statuen und Säulen. Und bei Palladio lernt Veronese anhand des unterschiedlichen Einsatzes der Säulen die Plastizität der Formen im Raum. Er huldigt seinen Vorbildern in seinem Gemälde, indem er sie im oberen Teil anklingen läßt, der direkt mit dem Himmel in Verbindung steht, wo nur die Vögel und die Geister den Raum haben, den sie brauchen …

DIE MUSIK UND DIE MALER

In Venedig gab es kein Festmahl, das nicht von Narren und Musikern aufgeheitert wurde. Ob die Gruppe der Musiker im Vordergrund des Gemäldes für Veronese (wie einige seiner Interpreten sagen) die Gelegenheit war, seine Freunde und sich selbst zu malen, ist letztendlich kaum von Bedeutung. Was dagegen wichtig ist, ist die Anerkennung der Rolle, die die Musik schon vor dem goldenen Jahrhundert und bis ins 18. Jh. hinein spielte. Nichts ist alltäglicher in einer Stadt, in der das von Festen und Veranstaltungen bestimmte öffentliche Leben ohne die Musik langweilig wäre.

In der Welt der Kunstmaler ist dieselbe Vorliebe verbreitet. Alle Berichte bestätigen, daß Giorgione, Tintoretto und Tizian manche Instrumente ausgezeichnet spielten. Von Vasari wissen wir, daß Giorgione so schön Laute spielte, daß er oft von den Patriziern zu Konzerten in ihren Palästen gerufen wurde. Tintoretto, ein Freund des Komponisten Zarlino, „hatte Spaß daran, alle Künste und insbesondere die Musik zu pflegen", von der bekannt ist, daß sie seine großartige Schaffensfreude anregte. Man weiß auch, daß Tizian um 1540 eines seiner Gemälde gegen eine tragbare Orgel bei dem Tasteninstrumentenbauer Trasuntino eintauschte. Dies könnte übrigens die Orgel sein, die man in dem prächtigen Gemälde *Venus mit dem Orgelspieler* sieht …

Wenn kein Bankett, das dieses Namens würdig ist, ohne die es verschönernde Musik denkbar ist, so versteht man besser, daß das Gemälde, das den Zauber des Fests wiedergeben will, nicht darauf verzichten kann, auch Musiker darzustellen. Das ist so etwas wie ein Weg, einen zusätzlichen stillen Rhythmus einzubringen und die Harmonie der Sinne und der Gefühle zu vervollkommnen. Hierin ist Veronese meisterhaft. Man muß nur die beträchtliche Anzahl der Gemälde sehen, die sich bis Ende des 19. Jh. (abgesehen von zahlreichen Nachahmungen) von der *Hochzeit von Kana* inspirieren lassen, und dabei feststellen, daß auf keinem dieser Gemälde die Musiker fehlen.

Die Hochzeit von Kana ist also ein Fest. Gegenüber den Benediktinern auf der rechten Seite des Gemäldes – Auftraggeber verpflichtet – befinden sich links an der Seite der Vermählten weltliche Personen in verschiedenartigster Kleidung aus Europa und dem Orient. Darüber hinaus wimmelt das Werk von malerischen Details, die dem Ganzen eine ungezwungene und weltliche Note geben, ohne seine Pracht zu beeinträchtigen. Beispielsweise die Hunde auf dem Tisch, auf den Knien des Bräutigams und zu den Füßen der Musiker; die Katze, die ihre Krallen an dem Tonkrug schärft; der Zwerg, der seinen Papagei füttert; der Bankettleiter, der sich wie ein Schauspieler der *Commedia dell'Arte* an die Vermählten wendet: „Jedermann gibt zuerst den guten Wein und, wenn sie trunken geworden sind, alsdann den geringeren; du hast den guten Wein bisher behalten."

Alle Personen (man hat 130 gezählt), die einander zugewandt und in Unterhaltungen vertieft sind, schaffen durch ihre Haltungen und ihre Kleidungen diese farbige Schwingung, die das Gemälde zum Sinnbild einer in jeder Hinsicht gelungenen Darstellung macht.

Veronese
Die Hochzeit von Kana
1571, Öl auf Leinwand, 207 x 457 cm,
Dresden, Staatliche Kunstsammlungen
Galerie Alte Meister.

DIE DRESDENER HOCHZEIT

Einige Jahre später bietet Veronese im Auftrag der Familie Cuccina eine andere Version der *Hochzeit von Kana*. Die Maße dieses Gemäldes sind bescheidener. Es befindet sich derzeit im Museum in Dresden und ist ein Gegensatz zu dem, das für San Giorgio Maggiore gemalt wurde. Der Speisemeister, in dem einige Kommentatoren ein Selbstbildnis von Veronese sehen wollten, ist räumlich die zentrale Figur, die uns in einer äußerst sprechenden Geste einlädt, das Wunder des hervorragenden Weins zu teilen. Wir sind hier vielleicht etwas weiter von der Botschaft des Evangeliums entfernt, jedoch dieser nicht zu unterdrückenden Liebe Venedigs für die Preisung des Vergnügens näher.

VENEDIG WIE IN SEINEM SPIEGELBILD

CANALETTO, GUARDI, CANOVA UND EINIGE ANDERE

Wie könnte man sich nicht daran erinnern, daß der Architekt, dem das historische Privileg der Wiedererrichtung der Rialto-Brücke zuteil wurde, Antonio Da Ponte hieß? Wer könnte nicht wissen, daß der berühmteste der venezianischen Maler der Vedute den schönen Namen Antonio Canal trägt, genannt Canaletto, der in Venedig am 28. Oktober 1697 in der Nähe des Canale Grande geboren wurde?

Weniger bekannt ist die Rivalität, die über mehrere Generationen hinweg zwischen den Canale und den Da Ponte geherrscht hat. Sie stritten sich ständig bei jeder Gelegenheit, im Senat und anderswo. Es fehlte sogar nicht viel, daß ihr nie versiegender Streit für Venedig einen vorzeitigen Verlust zur Folge gehabt hätte. Einmal wirft ein Da Ponte vor dem versammelten Rat seinem Gegner Canale an den Kopf: „Die Brücken sind über den Kanälen!" Worauf der andere entgegnet: „Ohne die Kanäle gäbe es keine Brücken." Man berichtet, daß der entnervte Doge ihnen befahl, mit ihren fortwährenden Streitereien aufzuhören. Er ging sogar so weit, ihnen zu drohen, daß er sie einen würde … indem er sie beide vernichten würde, das heißt, die Brücken zerstören und die Kanäle füllen würde. Die Geschichte sagt uns nicht, ob diese Drohung ausgereicht hat, die Diskussion zu beenden, die die Dadaisten Anfang des 20. Jh. wiederzubeleben versuchen. Wichtig ist, daß die Kanäle und die Brücken noch immer bestehen.

Pietro Longhi (1702–1785)
Il Ridotto
Öl auf Leinwand, 62,5 x 51 cm,
Venedig, Fondazione Querini Stampalia.

ANTONIO CANAL, GENANNT CANALETTO
SS. Giovanni e Paolo und Scuola di San Marco
Um 1726, Öl auf Leinwand,
125 x 165 cm,
Dresden, Staatliche Kunstsammlungen
Galerie Alte Meister.

DIE VEDUTE ODER DAS THEATER VON CANALETTO

Canaletto hat keine Mühe gescheut, das Bild dieser Brücken und dieser Kanäle in ganz Europa zu verbreiten. Mit seinem Vater, einem Bühnenbildner, entdeckt der junge Assistent die Schönheiten der damals in Venedig modernen Bühnenbilder. Hier herrscht die Perspektive; wenn ein Innenraum gezeigt werden soll, besteht ein ganzer Winkel aus Pfeilern, Portiken und Balustraden. Die Architektur, die Veronese in die Malerei eingehen läßt, betritt nun die Bühne. Das Bühnenbild wird zu einer Kunst, die jene Schmuckkästchen der Paläste nachbilden soll. Wenn es darum geht, eine Außenszene darzustellen, ordnet man immer perspektivisch Bäume, Laubengänge und Statuen an. Die Bühnenbilder sind vor allem so hoch, daß die Schauspieler und die Sänger winzig erscheinen, wie es auch häufig die Personen von Canaletto in seinen Gemälden sein werden.

Mit seinem Vater arbeitet der angehende Künstler an dem Bühnenbild von zwei Opern von Vivaldi. Er mischt sich unter das Volk der Schauspieler und Schauspielerinnen, diese farbenfrohe, laute, wunderliche, launenhafte und ungehemmte Welt. Hat er vielleicht auch die hervorragenden musizierenden Ordensschwestern getroffen, die so bezaubernde Namen wie *Pierina del Violino, Cattarina del Cornetto, Bettina della Viola* und *Claudia del Flautino* tragen? Einerseits erlernt er so die Bühnenarchitektur und andererseits auf ganz persönliche Weise seine „Darstellung" der Personen, die er beobachten konnte. Wenn man genau hinsieht, sind die Gemälde von Canaletto, seine Ansichten (*Vedute*) von Venedig, seine Genredarstellungen oder seine „Capricci" (gedachte Architekturen) nämlich nach dem Prinzip des Bühnendekors konstruiert. Die zahlreichen Personen, die man dort sieht, werden fast immer von hinten gezeigt, als ob ihnen eine umgekehrte Funktion als beim Porträt zugewiesen würde: Auf dem Gemälde haben sie eine wesentliche Rolle, nämlich den Blick des Betrachters auf die Realität des Dekors zu lenken.

Mit 22 Jahren begleitet Canaletto seinen Vater nach Rom; dort gestalten sie zwei Bühnenbilder für Opern von Scarlatti. Bei diesem Aufenthalt in Rom wird sich der junge Maler seines Talents und seines Ehrgeizes bewußt: Er beschließt, die Kunst der *Vedute* zu revolutionieren und „Porträtmaler" seiner Geburtsstadt zu werden. Sehr schnell macht er sich in diesem Genre, das von ausländischen, insbesondere englischen Kunstliebhabern sehr begehrt ist, einen Namen. Wir befinden uns in einer Zeit, in der sich eine neue Form des Mäzenatentums herausbildet: Für den Mäzen geht es nicht mehr einfach darum, eine persönliche Sammlung für ausschließlich private Zwecke anzulegen; der Begriff der „Kunstgalerie" im Rahmen einer geschichtlichen Betrachtungsweise wird geschaffen. Diese Wandlung vollzieht sich unter dem Einfluß des Venezianers Francesco Algarotti. Dieser, selbst Kritiker und Mäzen, „entwickelt in Dresden einen Plan zum Ausbau und zur Erweiterung der großartigen Kunstgalerie, die gerade von August, Kurfürst von Sachsen, eingerichtet wird."[1]

F. Haskell, *Mécènes et peintres. L'art et la société au temps du baroque italien,* 1991.

Rechts, rechte Seite (Ausschnitte) und folgende Seiten

CANALETTO
Canale Grande mit Ponte di Rialto
in der Ferne …
1726–1730, Öl auf Leinwand,
146 x 234 cm,
Dresden, Staatliche Kunstsammlungen
Galerie Alte Meister.

Gleichzeitig zu diesem neuen Vorgehen entwickelt sich ein Handel mit Kunstwerken, der sich direkt von den Handelsmethoden für verderbliche Waren leiten läßt. Als Joseph Smith 1729 die Bekanntschaft von Canaletto macht, wird er in Venedig als Beauftragter für die Einfuhr von Fleisch und Fischen geführt. Was ihn jedoch keineswegs daran hindert, sich für die Kunst zu interessieren. Er häuft Gemälde und seltene Bücher an und hält Salon in seinem Palast am Canale Grande nahe bei der Kirche SS. Apostoli. Canaletto wird für ihn über Jahre hinweg eine sehr große Serie von *Vedute* und *Capricci* malen, die Smith später dem englischen König George III. verkaufen wird.

DIE NEBEL

So gelangt ein sehr großer Teil des künstlerischen Werks von Canaletto nach England, wo Smith den Maler sehr bekannt macht. Als Smith 1744 in Anerkennung seiner Dienste für sein Land zum Konsul seiner Majestät des Königs von England in der Serenissima ernannt wird, ist sein Glück gemacht. Er besitzt 38 Gemälde von Canaletto. Die Sammlungen des Herzogs von Buckingham und des Grafen von Carlysle sind ebenso gut ausgestattet: Der Herzog besitzt 20, der Graf 15.

CANALETTO
Rio dei Mendicanti
Venedig, Ca'Rezzonico.

Daraufhin beschließt Canaletto, nach London zu gehen. Dort wird er sogleich in einen wahren Marathon der Malerei gezogen. Seine Kunden sind so namhaft und so drängend, daß er sie kaum zufriedenstellen kann. Doch trotz allem gelingt es Canaletto nicht, seine Anhänger davon zu überzeugen, daß auch London von diesem diaphanen Licht Venedigs erhellt sein kann. Man wirft ihm zudem vor, „die Perspektiven zu übertreiben" und die „optische Kammer" zu mißbrauchen. Kurz gesagt, Canaletto kehrt nach 10 Jahren Aufenthalt in London nach Venedig zurück. Er ist begierig, sein „Licht" und einen weniger höllischen Rhythmus wiederzufinden.

Nach einem ersten Mißerfolg tritt er schließlich 1763 in die Accademia ein. Obwohl sie der Meinung sind, daß die *Vedute* kein „edles und erbauliches" Genre sind, nehmen ihn die Mitglieder der Institution in ihren Reihen auf. Die Tradition achtend schenkt Canaletto der Accademia das *architektonische Capriccio*, eines seiner wenigen Werke, die sich heute noch in Venedig befinden.

DIE VEDUTE: EINE VERGRÖSSERUNG DES PHOTOGRAPHISCHEN RAUMS

Canaletto verstand es, die Liebe Venedigs zu sich selbst zu veranschaulichen. Wenn sein Werk nichts Triumphierendes enthält, so vielleicht deswegen, weil Canaletto voller Demut achtungsvoll vor „seiner" Stadt zurücktritt. Zwar weiß er alles, was war und was ihren Ruhm begründete, doch er weiß auch, daß nichts mehr Zauber hat als das Vergängliche. Ihm ist bewußt, daß nichts nachdrücklicher zur Träumerei einlädt als das Flüchtige, das in seiner Flüchtigkeit selbst erfaßt wird. Venedig ist da, und es lebt. Dies reicht aus, ihm eine Bedeutung zu verleihen, die nicht übermäßig betont werden muß.

Als sich Canaletto der Tradition der *Vedute* verschreibt, die von Carlevaris und Ricci begründet wurde, erneuert er sie sogleich: Er legt eine ruhige und „natürliche" Helligkeit in seine Gemälde (etwa so, wie man von einem guten Schauspieler sagt, daß er natürlich ist); er erweitert die Perspektiven, vergrößert somit den Raum und entgeht dadurch dem Realismus der Photographie.

Als Pleinairist bedient sich Canaletto, wenn er seine Skizzen zeichnet, einer optischen Kammer (einer verbesserten Version der traditionellen „Camera obscura", die einige Maler des vorangegangenen Jahrhunderts wie Vermeer verwendeten). Die optische Kammer, ein Vorläufer des Filmaufnahmeapparats, ist für ihn ein Hilfsmittel für die Ausarbeitung der Komposition; er weiß jedoch, daß die Perspektive und die Farbtöne der Luft, die von der „Kamera" wiedergegeben werden, korrigiert werden müssen. Da er in der Bedienung dieses Instruments und insbesondere in der Wahl der Linsen erfahren ist, nuanciert er die erhaltenen Informationen nach einem ästhetischen Entwurf, der Vorrang hat: Die allmähliche Entfernung des Brennpunkts der *Veduta* verstärkt die Perspektive und gibt der Luft Ausdruck.

Wenn man von Darstellung sprechen kann, so im Sinne der theatralischen Darstellung, wie es seine Erfahrung als Bühnenassistent voraussehen ließ. Deren Stärke liegt in der Interpretation der Schauspieler. In diesem Sinne besitzt Canaletto eine außergewöhnliche Rolle als Interpret des Bildes, das Venedig Mitte des 18. Jh. von sich selbst gibt: Das Bild einer Stadt, die weiß, daß sie unnachahmlich geworden ist, da sie nicht unbesiegbar ist. Sie braucht sich des Spiegelbildes in dem ruhigen Wasser der Kanäle in Canalettos Bildern nicht zu schämen.

CANALETTO
Der Kanal von San Marco
Paris, Musée du Louvre.

FRANCESCO GUARDI
Prozession des Dogen vor S. Zaccaria
Paris, Musée du Louvre.

DIE ROMANTIK VON GUARDI

Linke Seite

PIETRO LONGHI
Bildnis von Francesco Guardi
Venedig, Ca'Rezzonico.

Dieser ruhigen Pracht steht der nervöse Stil Francesco Guardis gegenüber. Guardi, 15 Jahre jünger als Canaletto, ist der erste venezianische Romantiker. Der Dunst aus Licht und Schatten, der die Architektur einhüllt, und die Bilder von der „Abnutzung der Dinge durch die Elemente" (A. Chastel, *L'art italien*) machen seine Malerei zu einem Werk, in dem alles dem Pinselstrich huldigt. Doch nichts ist improvisiert. Die Qualität der vorbereitenden Zeichnungen zeigt, daß diese Spannung, die man in den Gemälden spürt, gewollt ist: Hinter dem Flimmern von Farben und Formen verbirgt sich ein strenger Aufbau.

Anders als Canaletto stammt Guardi nicht aus Venedig. Er stammt aus einer Familie des Val di Sole im Trentino. In Venedig findet er einen Platz, der durch die Entscheidung Canalettos, sich in London niederzulassen, frei geworden war. Doch er unterscheidet sich in allem von seinem berühmten Vorgänger, angefangen mit seiner Methode, mit dem Licht umzugehen. Guardi schafft eine vibrierende Stimmung, eine lyrische Atmosphäre. Das Stadtbild ist kein Thema, das auch nicht als Bühnenbild behandelt werden soll; es wird zu einem Ausdruck des Gefühls. Bei Guardi ist Venedig nicht mehr das vollkommene Abbild seiner selbst; es wird zu einem projizierten Bild der Überzeugungen und der Emotionen des Malers. Vom Venedig des 18. Jh., dem einzigen Thema seines Werks, zeichnet er also ein Bild der Stadt, deren Niedergang begonnen hat. Wenn Guardi die Konturen der Gebäude in märchenhaftem Hell-Dunkel verwischt, wenn er mit unruhigem Pinselstrich das Wasser der Kanäle und die sich darin spiegelnden Paläste erzittern läßt, so ist das, was er malt, das Bewußtsein von der Auflösung menschlicher Werke.

Seit Giorgione (*Das Gewitter*) kann man den ausgeprägten Sinn für das Tragische erfassen, den die venezianische Malerei wiederzugeben vermag. Beim alternden Tizian wandelt er sich in Angst um. Mit Canaletto und Guardi haben wir das Universum der Illusion betreten. Für den ersten ist die Welt ein Theater. Guardi geht in seiner Raffinesse so weit, daß er erklärt, daß sogar die Illusion illusorisch ist: Nichts und niemand kann den sich abzeichnenden Fall aufhalten.

Die alten von Salz und Sonne brüchigen Fassaden, die mit Barken überladenen Kanäle, die Gondeln mit Kabinen aus zerrissenem Tuch: Diese veristischen Bilder stehen kaum im Widerspruch zu denjenigen, die der Maler von großen Zeremonien und Feiern unter dem Vorsitz des Dogen malt. Die Parodie wird nur durch die „erlangte Trägheit" des Respekts vermieden. Beobachten wir die *Abfahrt des „Bucentoro"*. Der Nebel hüllt bereits das Riva degli Schiavoni ein, während in der Ferne der Dogenpalast und das Becken von San Marco verschwimmen. Der „Bucentoro" gleitet über die Lagune, weil dies die Rolle ist, die ihm Venedig seit Jahrhunderten zugeteilt hat. Doch das Feuer ist erloschen und die Tollheit verklungen. In allen seinen Gemälden von Zeremonien ist der Pomp der Langeweile gewichen. Die erobernden Seefahrer und die ehrgeizigen Händler sind Honoratioren

Francesco Guardi
Das Sprechzimmer der Nonnen von San Zaccaria
Venedig, Ca'Rezzonico.

Rechte Seite

Pietro Longhi
Das Rhinozeros
Venedig, Ca'Rezzonico.

Wenn sich Venedig amüsiert und zerstreut,
ist der Karneval niemals fern …
und die Bürger immer anwesend!

geworden. Sie sind nicht Urheber ihrer Handlungen, sondern vielmehr zu deren bescheidenen Dienern geworden. An anderer Stelle (*Prozession des Dogen vor S. Zaccaria*) betritt ein Zug aus Schemen die Kirche.

Francesco Guardi stirbt am 1. Januar 1793. Er erlebt nicht, wie der Doge Lodovico Manin den Dogenpalast aufgibt (12. Mai 1797) und die Macht den französischen Besatzern überläßt. Er erlebt nicht, wie die *Hochzeit von Kana* nach der Unterzeichnung des Vertrages von Campo Formio ins Ausland verfrachtet wird. Er erlebt nicht das Ende von tausend Jahren des kaufmännischen, militärischen und vor allem künstlerischen Abenteuers. Er kann lediglich hoffen, daß das, was Venedig gesammelt, angehäuft und erfunden hat, ausreichen wird, um es unsterblich zu machen.

Rechts

GIANDOMENICO TIEPOLO
Der Scharlatan
(Ausschnitt)
Öl auf Leinwand,
Paris, Musée du Louvre.

Rechte Seite

GIANDOMENICO TIEPOLO
Karnevalsbild
(Ausschnitt)
Um 1745–1750,
Öl auf Leinwand, 805 x 1105 cm,
Paris, Musée du Louvre.

Giandomenico Tiepolo (1727–1804)
Die Neue Welt
Venedig, Ca'Rezzonico.

Rechte Seite

Giandomenico Tiepolo
Pulcinella und die Akrobaten
Venedig, Ca'Rezzonico.

DIE SINNLICHKEIT VON CANOVA

Gott sei Dank stirbt Venedig nicht leicht! Es erinnert sich an die Feste, die es gegeben hat. Es läßt jedes Jahr seinen Karneval aufleben (Pietro Longhi). Es zerstreut sich (Tiepolo). Es steht sich selbst distanziert gegenüber. Von allen Illusionen befreit ist die Stadt auch ohne Hoffnung. Was nicht bedeutet, daß sie in der Hoffnungslosigkeit dahindämmert. Selbst wenn die Freude weniger ehrlich ist, kann das Vergnügen der Gegenwart die Üppigkeit der Vergangenheit vergessen lassen.

Die venezianische Kunst fand früher in sich selbst die Quellen ihrer Schaffensfreude und die Ressourcen für ihre Neuerungen. Heute läßt sie sich von dem inspirieren, was anderswo in Europa geschieht. Wenn ein Volk seine Souveränität verliert, so ist es normal, daß es seine eigenen Grenzen überschreitet und die Erfahrung der gegenseitigen Abhängigkeit macht.

Dies erfährt in der zweiten Hälfte des 18. Jh. der Bildhauer Antonio Canova (1757–1822). Er löst sich von dem barocken Stil, der im Venedig des 17. Jh. blühte. Er öffnet das Kapitel der neoklassizistischen Kunst, von der er einer der größten Vertreter sein wird. Venedig ist nicht unbedingt in Venedig, da Canova nach seinen Anfängen an den Ufern des Canale Grande fast die Gesamtheit seines Werks im neuen künstlerischen Milieu Roms schafft: Der Prophet des Neoklassizismus ist es nicht in seinem Land. Eigentlich hat sich sein Land auf Europa ausgeweitet, mit dem es von nun an verschmolzen ist.

Die sehr schöne Marmorstatue im Louvre, *Amor und Psyche*, ist eines der gelungensten Werke seiner anmutigen und sinnlichen Bildhauerkunst. Wie bei *Pauline Bonaparte* – er soll der Liebhaber des Modells gewesen sein – veranlaßt ihn seine Vorliebe für polierten Marmor, die Formen weicher zu machen und der Linie ihre gesamte Bedeutung zu geben. Nicht mehr das Volumen der Kräfte zählt, sondern die Eleganz der Konturen. Die Skulptur wird so zu einem leichten Bild, einem Widerschein der Anmut. Seine Sprache ist keine Verkündigung, sondern eine Botschaft der Zuneigung. Die Stunde der Romanze ist angebrochen.

Symbolisch gesprochen ist Venedig nun darauf vorbereitet, die begeisterten Reisenden zu empfangen, die dort ihr eigenes Bild suchen und – wer weiß? – ihrem Doppelgänger begegnen wollen.

Links

Antonio Canova
Pauline Bonaparte-Borghese
Rom, Galleria Borghese.

Linke Seite

Antonio Canova
Der Kuß von Amor gibt Psyche das Leben zurück
(Detail)
Marmorskulptur,
Paris, Musée du Louvre.

Antonio Canova
Amor und Psyche
Paris, Musée du Louvre.

Rechte Seite

Pozzo Amor und Psyche
Possagno, Museo Canova.

VENEDIG
NACH VENEDIG

Erinnern wir uns daran, daß Tintoretto in seiner *Kreuzigung* den Kinematographen ankündigte. Canaletto kündigt mit seinen *Vedute* die Postkarte an. Alles ist zum Empfang der Touristen eingerichtet, die zahlreich in einer Stadt herumstreifen werden, die sich in tausend Jahren für sie errichtet hat.

„Die triumphierendste Stadt, die ich jemals gesehen habe", rief Philippe de Commynes 1494 aus. Fünfhundert Jahre später bestehen das Bild des Triumphes sowie der Jubel fort. Dieses Bild lebt von allen denen, die es kommentieren.

Michel Butor: „Das Wasser der Menge ist für die Fassade von San Marco ebenso unerläßlich wie das Wasser der Kanäle für die Fassade der Paläste. Während so viele alte Gebäude vom Touristen entstellt werden, der darüber herfällt, und uns diese reservierten, geheimen, verschlossenen, verbotenen und plötzlich aufgerissenen Orte, diese Orte der Stille und der Betrachtung, die dem Geplapper ausgeliefert sind, den Eindruck der Entweihung geben, natürlich auch durch uns, wenn wir nicht mit einem reinen Forschergeist dorthin gehen, hat die Basilika mit der sie umgebenden Stadt von dieser Fauna und unserer eigenen Frivolität nichts zu befürchten; sie entstand und entwickelte sich unter dem steten Blick des Besuchers, ihre Künstler haben inmitten der Unterhaltungen von Seeleuten und Händlern gewirkt."

Jean Paul Sartre: „In Venedig ist nichts einfach. Denn es ist keine Stadt, nein, es ist ein Archipel. Wie könnte man dies vergessen? Von Ihrer Insel aus blicken Sie mit Neid auf die Insel gegenüber: Dort hinten gibt es ... was? Eine Einsamkeit, eine Reinheit, eine Stille, die, das würden Sie beschwören, es auf dieser Seite nicht gibt. Wo auch immer Sie sich befinden, das wahre Venedig finden Sie stets anderswo."

Liegt es also an diesem besonderen Talent der Stadt sich zu entziehen, um die Lust anzustacheln, weiter auf die unmögliche Begegnung mit der Stadt zuzugehen, daß Venedig, das täglich seine Entstehungszeit erneuert, seinen Tod hinauszögert und damit alle Erinnerungen erzittern läßt?

Ansicht der Kirche S. Giorgio Maggiore aus dem Zimmer von George Sand und Alfred de Musset im Hotel Danieli.

Vittore Carpaccio
Die Legende der Hl. Ursula.
Die Abreise der Gesandten
(Ausschnitt)

FÜR WEITERES

Aretino, *Lettres* (ausgewählt und übersetzt von A. Chastel), Scala, 1988

„Autrement“, *Venise 1500*, 1993

Braudel F., *Le modèle italien*, Arthaud, 1989

Braudel F. und Quilici F., *Venise*, Arthaud, 1984

Braunstein P. und Delort R., *Venise: portrait historique d'une cité*, Le Seuil, 1971

Brodsky J., *Aqua alta*, Gallimard, 1993

Butor M., *Description de Saint-Marc*, Gallimard 1963

Carpentier A., *Concert baroque*, Gallimard, 1974

Chastel A., *L'art italien*, Flammarion, 1982

Diehl C., *Venise, une République patricienne,* 1928 (Neuauflage 1985 bei Flammarion unter dem Titel: *La République de Venise*)

Faure E., *Histoire de l'art. L'art renaissant*, Denoël, 1986

Fernandez D., *Le promeneur amoureux*, Plon, 1980

Francastel P., *Peinture et société*, Denoël, 1952

Fruttero C. und Lucentini F., *L'amant sans domicile fixe*, Le Seuil, 1989

Goethe, J.W., *Reise nach Italien*, Slatkine Reprints, 1990.

Haskell F., *Mécènes et peintres. L'art et la société au temps du baroque italien*, Gallimard, 1991

LESEVERGNÜGEN

Lane F.C., *Venise, une République maritime*, Flammarion, 1985

Marabini J., *Venise*, Le Seuil, 1978

Musée du Louvre, *Les Noces de Cana de Véronèse: une œuvre et sa restauration*, 1993

Palladio A., *I Quattro Libri dell'Architettura*, Arthaud, 1980

Panofsky E., *Le Titien, questions d'iconologie*, Hazan, 1989

Pignatti T., *L'art vénitien*, Flammarion, 1992

Pleynet M., *Giorgione et les Deux Vénus: plaisir à la Tempète*, Maeght, 1991

Polo M., *Le devisement du monde. Le livre des Merveilles*, La Découverte.

Rilke R.M., *Die Aufzeichnungen des Malte Laurids Brigge*, Bibliothek Suhrkamp, 1976.

Rosand D., *Titien, „l'art plus fort que la nature"*, Gallimard, 1993

Rosand D., *La trace de l'artiste: Léonard et Titien*, Gallimard, 1993

Ruskin J., *Les pierres de Venise*, Hermann, 1983

Sartre J.-P., *Situations IV*, Gallimard, 1964

Schneider P., *De la villa en Vénétie*, Le septième fou, Genf, 1985

Stendhal, *Chroniques italiennes*, Gallimard, 1886

Wind E., *Giorgione's Tempesta*, Oxford, 1969

Zorzi L., *Carpaccio et la représentation de sainte Ursule*, Hazan, 1991

VITTORE CARPACCIO
Zwei Frauen, genannt die beiden Kurtisanen
Öl auf Holz, 94 x 64 cm,
Venedig, Museo Correr.

Linke Seite

GENTILE BELLINI
Bildnis von Gianfrancesco Gonzaga, Graf von Mantua
Öl auf Holz, 62 x 48 cm, Accademia Carrara, Bergamo.

Printed in Italy
La Zincografica Fiorentina